22K輕鬆買房致富實戰寶典

從選對物件到裝潢實務，12個房屋成功案例，
只要掌握裝潢技巧，上班族也能輕鬆致富
你不用很有錢才投資，你要先投資才會很有錢！

投資達人Simon
裝潢達人**傅曉霖**——合著

進入房地產市場並沒有想像中的難

竹科工程師 **張先生**

非常開心收到 Simon 老師要出書的消息，也很榮幸受邀寫序。近期房地產相當熱絡，但許多人說現在年輕人買房已成夢想，又有人覺得自住房價漲跌與你無關，但其實年輕人誰不想買房呢？誰又會想買一間不會漲價的房子呢？

若您對房地產有興趣，或是未來計畫買房，非常適合跟著本書一起學習，Simon 老師在房地產已有十幾年經驗，透過老師的輔助，使讀者更能迅速進入房地產市場，買到心目中的夢想家。

事實上，原本對房地產感興趣的我，在學習完 Simon 老師價差物件 SOP 後，也順利進了一個「apple 物件」，並且在半年內結案，價差更是高達 40％。我才知道原來進入房地產市場並沒有想像中的難，機會處處都在，只需對房地產有更多的認知，才能精準判斷把握住機會。

相信讀者在閱讀完本書後，不僅能引領您入門，更能夠讓您對房地產領域有更專業的了解與體會！

房產差價專家

竹風旅行社有限公司總經理 王倩

　　初次與 Simon 老師結緣，是參觀他與朋友共同投資的創客商務中心，小巧卻功能齊全，充滿設計感，令人驚豔！年輕有為，讓人看到希望與戰鬥力！Simon 老師現已為知名講師，同時擁有多間房產及收租物件，是實戰經驗豐富的房地產達人。

　　這背後是他看超過 300 間以上的房，實際從出價、估貸款到成交以及改造等實作，成功與失敗、專心與用心、打磨專業與技巧才有的成就。從事房產趨勢研究亦有十年以上，擁有自己獨創的公式及房價查詢系統，是房產界不可多得的人才，本書可說是 Simon 老師的心血之作！

　　Simon 老師的獨特之處在於，他是房產差價專家，且專注於低總價房產買賣，在房產界視角獨特，獨樹一幟！將商業本質原理買到最低、賣到最高，發揮得淋漓盡致。

　　從一無所有到 30 幾間房產的擁有者，無疑是勵志的。當下無論是有憧憬的學生，還是初入社會的懵懂年輕人，可說是徬徨

迷霧中的明燈！對房產有興趣的讀者，是一本不可多得的好教材。本書內容豐富，毫無保留的真實分享，獨特技術面思維與經驗，值得收藏品味，希望在閱讀思考後，能透過努力出現更多位Simon 哥！

房產市場最接地氣、最有內容方法與啟迪的好書，誠心推薦給每一位踏實肯做、願意改變生活的您！從零踏出第一步，下一位達人就是您！

如願買到房子

竹科工程師 **劉小姐**

　　首先要謝謝我先生的支持，從原本的質疑轉為不排斥讓我參與課程，如今我才能如願買到房子。

　　Simon 老師的課程真的很精實，三天的課程我都戰戰兢兢猛抄筆記，深怕遺漏了重點。

　　Simon 的課程教學面向很廣，整理幾個重點如下：

1. 超實用的買賣行情系統，這是我之後看房前必查的資料庫，真的很方便又好用，而且老師還會定期更新給我們，真的很用心。

2. 超詳細的謄本解讀，如果沒有老師一步步的細部講解，外行人看謄本，真的有如霧裡看花一般。從課程中才知道，原來謄本藏有如此重要的祕密在其中。

3. 精準的看屋術，老師分享了很多看屋的眉角，讓新手的我在看屋前還特別把講義拍照，深怕遺漏了看屋重點。俗話說，魔鬼藏在細節裡，真的需要透過經驗，才能找

到房屋的問題。

4. 「房仲談判學」這門課讓我知道房仲圈的遊戲規則，以及各種話術的破解技巧，讓我聽了嘖嘖稱奇。

5. 房屋貸款實戰經驗分享，買到房屋後，接下來的重點就是辦理貸款，讓我了解如何成為銀行心目中的好客戶，也才能談到較好的貸款條件。

6. 不動產的稅務分析，買賣房屋有很多不同的稅，真的會讓人一頭霧水，聽完老師的整理後會比較有信心，看著講義也能操作。

課程中最令我印象深刻的，是老師分享房屋改造前後的照片，讓我簡直不敢相信整修前後，能夠有如此大的差異！

面對同學天馬行空的問題，Simon 老師總是不慍不火有耐心的解答，讓大家受益匪淺。我也覺得 Simon 老師的團隊風氣很棒，讓人可以放心諮詢一些買房新手的問題，課後的團資時間，還可以讓大家互相交流，也給予我許多寶貴的建議。

這堂課程不僅僅是三天的學習，課後的免費諮詢和老師的經驗分享，更加彌足珍貴，讓我聽完課後就充滿信心，立馬約了仲介開始看屋。

不過看屋的過程並沒有這麼順利，出價了幾次都沒有談成，

其實心裡有點沮喪，甚至想放棄在今年買房了。很感謝 Simon 老師團隊讓我在看屋低潮時，給了我經驗分享和信心，讓我重拾希望繼續看屋，也讓我在課後三個月，買到我喜歡的房子。

目次

PART 3　**投資案例篇**

序章
打造金窩銀窩，也要打造一世的幸福

　　說起現代人追求的幸福，有時候不求什麼大富大貴，更不用金山銀山，最簡單的一個標準，可能就是夫妻倆有個屬於自己的家，在那裡全家人共同奮鬥，只要有這樣的小小地方，生命就會變得格外有意義。

　　只是現實生活中，就算是個小小地方，對現代人來說，特別是對年輕人來說，似乎依然是種難題。莫說「長安居，大不易」，就算夫妻倆共同打拚，擁有了一個可以安身立命的地方，未來還有重重的房貸，此外房子買來後，當然也要裝潢布置才有個「家」的味道。

　　提起買屋，相信大家也都知道，透過投資理財，錢滾錢的賺錢方式往往比工作上班累積財富的速度要快很多，而其中投資房地產已有普遍案例，可以證明是現代人非常實用的一種致富模式。就是說，我們不只想擁有屬於自己的家，也可以藉由幫別人圓他們的成家夢，賺取投資差價增進財富，而這所謂「差價」的

關鍵，也就是房屋「價值提升」的關鍵，也跟裝潢有密切相關。

　　本書將引領讀者，不論是想擁有屬於自己的美麗居處，或以投資理財的觀點，來規劃自己真正幸福美好的人生。我們要提供一個確實可行也經過多年經驗，確定可以助人圓夢的方法，從基礎選對物件開始，到如何營造幸福夢想的具體作法，以簡單易懂的概念來讓讀者了解。

　　買房子很重要，但房子的裝潢可以帶來更大的加分，也就是所謂的「加值」影響力。在談各項居家裝潢相關的內容前，讓我們先從買屋這件事談起。

◆ 房屋投資，有未來嗎？

談起買屋，有幾個錯誤的迷思要先釐清：

買屋都是有錢人的事，年輕人一輩子買不起房子？是這樣嗎？有時候，覺得大環境似乎總處在唱衰房地產投資的氛圍。

早先時候，媒體總是不厭其煩的傳遞一個訊息：「年輕人就算不吃不喝二十年，也買不起一棟房子。」相對來說，那些做房地產投資的人，似乎就變得像是純潔綿羊群裡的豺狼，好像必須有背景、有後臺、很會鑽營的人，才有本事去搞這種動輒百萬千萬的投資。

近年來，還有學者們以更「專業」的觀點闡述：少子化的時代，其實閒置空屋已越來越多，根本沒必要蓋新房子。真的是這樣嗎？

1. 不要中了「以偏概全」的迷思

其實很多時候，媒體傳遞的只是片面訊息。

舉個極端的例子，若新聞標題出現：「經濟警訊，大臺北房市崩盤？房價已經往每坪 30 萬元以下探底」。

乍看之下似乎很聳動，但其實背後的定義則是模糊不清。所謂大臺北指的是哪裡？信義計畫區隸屬於臺北，淡水區也是大臺

北範圍；所謂每坪 30 萬元，是整體大臺北房市的平均值，還是根本就只是單指某個特定區域的房價？

結果後來查證，所謂「每坪 30 萬元以下」，指的是淡水區某個區段的房價，的確，比起幾年前淡水輕軌熱時，當地曾被炒熱到高點，現在比較起來房價確實是跌了。但淡水歸淡水，若用淡水來代表整個大臺北，那也太不客觀了。

長期以來被用來指稱「年輕人 N 年不吃不喝也買不起房子」，所採用的數值依據，則是另一種以偏概全的實例，這回刻意用臺北蛋黃地段最高的房價當做標的，那裡動輒數千萬甚至上億元的房價，當然大部分人都「買不起」。

事實上，全世界每個國家的首都，不論是紐約、東京、倫敦、首爾……，首善之都的房價永遠是最貴的，通常一般上班族也不會以這裡為買房首選，而要往郊區發展。用首都房價來唱衰年輕人的未來，絕對是一種迷思。

人人都可以買房子，這絕非什麼「不可能的任務」。

2. 不要落入經濟數據的迷思

數據是重要的，但數字是數字，可以是冷冰冰的事實，問題是這是怎樣的「事實」？好比一個人全身發紅體溫偏高，這是個事實，但結論就是他感冒發燒了嗎？答案其實可能是他剛從三溫

暖的蒸氣房走出來，所以才全身發紅發熱。

關於房地產投資，專家學者提出的數字，常常是純以「坐辦公室內」、在白板上所畫出的經濟學理論供需圖來看世界，他們說：「房子已經供過於求，臺灣的餘屋量很多，根本消化不完。」照這樣的說法，似乎整個建設業都可以停擺了，因為房子「太多了」。

但買屋這件事，可以完全套用經濟學嗎？關於人們的生活與夢想，絕非只是硬邦邦的數字，除非全體的民眾都被納入純社會主義方式的管理體系，也就是說，人們住的房子採「統一分配」制度，若是這樣，那的確人們的居住跟供需有關。但實際上，我們的生活當然不是這種模式。

我們可以問問那些準備買屋的年輕人，十個中至少有七個買房都是為了成家。但難道他們原本沒房子住嗎？其實老家可能都有足夠的房間，在傳統社會裡，三代同堂也本是常態。但從前是從前，現在是現在，如今的年輕人若想成家，就會想要自己買屋，因為現代女孩子普遍都不願意跟公婆同住。

所以明明經濟數據上還有很多「空屋」，但就算長輩有房子，晚輩還是要「自立門戶」啊！這是單憑經濟學無法解釋的事，終究只要有人想成家，就永遠有買屋的需求。

◆ 裝潢對房屋理財很重要

本書不是房地產投資專書，前面就先簡單帶到一些房子投資的迷思，讓我們回頭聚焦在裝潢這件事吧！裝潢，為何重要？

講到這裡，又要談起年輕人買屋的兩大前提：

1. 以實用的基本角度來說

如同前述，買屋可以做為自用。「結婚成家」的這個「家」，指的當然就是這間房子。所謂的「最簡單的幸福，就是一家人相聚在一起」，既然是一「家」人，這幸福的日子背後，就必須要有個美美的窩。

2. 以另一個更實用的角度來說

前面說到「年輕人不吃不喝二十年也買不起房子」，但依循的標準是什麼呢？依循的是經濟部所公布的「35 歲以下上班族的平均薪資統計」，平均薪資只有 3 萬多元，當然不吃不喝二十年都買不起房子。然而，讀者應該也知道：

第一，買屋不必用現金，只要準備一定的自備款就好。

第二，買屋的用途，可以是投資理財，不管本職薪水是多少，透過房屋理財，人兩腳錢四腳，正確的房地產投資，可以帶

來快速的資產增值。

講到這裡，裝潢大師就準備要出場了。

其實，房地產投資有個多年來實際應用勝率超過的公式，其算式如下：

未來的房子價值（F）—此刻的房子價值（N）＝ W

W 也就是 Wealth（財富）

未來房子的價值（F）＝此刻房市基本價（買來的價格）

＋升值價（V）

V 指的是 Value（價值），包含環境價值以及硬體價值。

這也是本書要和讀者分享的，本書將透過實戰分析告訴讀者們，如何帶來 V 的增值，進而提升 W 的價值。

當然，全天下沒有所謂「百分百穩贏」的投資，所以 W 值不一定是正的，也可能是負的，例如當初買入 500 萬元，後來急於脫售，用 450 萬元賣出，結果自然是負的。

致富基本前提在於 F 一定要大於 N，那麼 F 要怎樣才會一定大於 N 呢？在本書將會傳授必要的觀念和訣竅。

這裡先來談談價值的認定：

　　理論上，這世上大部分的實體（包含人體本身），都會隨著時間的消磨，變得越來越老舊，因此世上所有「有價實體」都應該越來越貶值才對。但為何房地產可以例外？原因就在於「價值」的定義。

　　任何人買房屋，看的絕不是那些物理結構，好比說這個建築物包含幾噸的水泥、幾噸的鋼筋，而是非常抽象的「幸福的感覺」。

　　幸福怎麼來？包含居住所在地未來會不會繁榮，以及房子如何為你帶來「家」的感覺。儘管這些價值判斷都很抽象，但也並非完全沒有參考數據可依循，所謂「信義區房價高」，依循的不是房子本身實際建造的成本，而是當地的整體發展，其參考數據就是當地的一般房價，如果每間房屋都以帝寶當作評量標準，高房價則是必然的。

　　另一個標準，關於「家」的部分，也是本書要談的重點，怎樣的房子才能讓買方有幸福成家的感覺，關鍵就在於裝潢。如前所述，價值（V）包含環境價值和硬體價值，既然大環境景氣如何不是我們一般平凡小民可以控制，那麼控制 V 的關鍵，就在於硬體價值，也就是裝潢價值：

　　N ＋裝潢＝F

更進一步來說，若 N 原本買的時候就比市價低，再加上裝潢，所得的 F 自然就有更大的獲利空間。

事實上，裝潢之所以如此關鍵，也關係到原本買到的房子為何比市價低，原因在於：

原本房子老舊、缺點多，所以賣價低。

也就是因為原本房子缺點多，所以需要裝潢來脫胎換骨。

對投資人來說，特別是小資族，裝潢不但是創造 F 大於 N 的重要關鍵，甚至對年輕人來說，也是他們以小資族的身分，讓財富可以快速倍增的關鍵。

在正式進入房屋裝潢介紹前，請各位讀者記得三個買屋的基本觀念。

1. **投資房地產致富的關鍵，就是可以買低賣高。**
2. **買低賣高的關鍵，就在於賣屋售價遠大於購屋成本。**
3. **購屋成本計算方式：房屋實際買價＋房子裝潢成本。**

許多人忽略了第 3 點，因此錯失了投資機會。好比說，他們若看到一間房子屋況很差，想都不想就直接放棄，但其實他們本來可以用極低價買入，然後用有限的裝潢預算，就能讓房子改頭

換面。房子由第 3 點切入，最終符合前面兩點，也就能致富。

　　有的則是錯估了成本，買屋時沒想清楚，等到發現要花大筆錢裝潢時，又不具備正確的裝潢知識，結果讓置產投入成本太大。若未來房子升值空間有限，這筆投資很可能就會賠本。

　　因此，裝潢這一環，對投資理財很重要。

　　全家人共同打拚，最終要擁有自己的美麗小窩。但請注意，那樣的居所不需要立刻擁有，對年輕人來說，他可以透過第一階段正確的房地產投資，加上精準的裝潢規劃，最高境界是化腐朽為神奇。如此打造的財富累積起來，將來就能確實買到一棟自己想要牽著另一半的手入住的新居，一棟讓你真正擁抱幸福的城堡。

　　打造金窩銀窩，真的很重要，即使一開始打造的窩不是讓自己住的，但終究，投資的背後有一條通往康莊大道的路。

　　翻開下一頁，讓我們開始朝這條康莊大道邁進。

PART 1

基礎觀念篇

尋找美麗的城堡，
── 若城堡不美麗，就讓它變美麗

第一章

投資的基本思維：價值是創造出來的

　　人人都想追求財富，不是因為他們愛「錢」，而是追求錢所能創造及維繫的「生活」。

　　錢帶來的不只是存摺中那美好的數字，更重要的是帶來人生新的「價值」。如果不懂「價值」的重要，只是一味地跟金錢纏鬥，那麼就如水能載舟也能覆舟，純粹的金錢遊戲為許多人帶來財富，卻可能讓更多人鎩羽而歸，甚至破產身敗名裂。

　　投資房地產的成功致富關鍵，就在於如何抓準「價值」。

◆ 致富的關鍵在價值

價值的一大特色，就是價值本身沒有明確的標準，因此讓智者有了可以切入的商機。

舉例來說，請問白開水有沒有價值？讀者可以很輕易的找到對應的數字，當我們去便利商店，只要掏出 20 元銅板就可以帶走一瓶包裝得美美的純水，這就是白開水的價值。但是當一個人迷失在沙漠裡，走了三天兩夜全身快要虛脫，嘴巴乾裂痛苦像是火燒，忽然看見商隊經過，這時候就算有人喊一瓶水要 1 萬元，他也願意買。

另外，名貴蘭花跟牽牛花哪一個有價值？答案顯而易見，一盆名貴蘭花價值上百萬元，至於牽牛花，隨處可見，摘下來送人都沒人要。然而假定有一天，某種突發的植物病症蔓延，消滅了全球絕大部分的牽牛花，只剩少數幾朵被國家慎重保護起來，這時候，牽牛花的價值絕對遠勝過名貴蘭花。（別以為突發事件不會發生，以 2020 年發生的新冠肺炎來說，在前一年又有哪個專家學者預測得到？）

最後再舉個例子，某家皮革代工廠接受各大廠商委託生產包包，理論上製程所需的機器以及人工都是同一批，出廠的東西也應該都是一樣價值。但結果有兩批貨，一批被送到夜市攤販，以

一個 300 元的價格出售；另一批被送去某家公司，稍稍多了幾道工序，加了個標籤成為名牌包，結果這批包包一個賣 30000 元還賣到缺貨。

以此為基礎思維，讓我們套用在投資理財上，有三個重點：

1. 在沒有特殊狀況前，價值有個基本行情

如果沒掌握這行情，貿然以高價買進，買者就會有損失，這就是俗話稱的「冤大頭」。例如白開水一瓶 20 元，同樣的水你在馬路邊跟人家買一瓶 50 元，這就是冤大頭。

2. 在產生價差前，絕對會有個時差

所謂智者，就是可以看到「時差」的人。例如牽牛花的價值從 0 到後來變成無價之寶，這不是一夕之間的事，隨著趨勢發展，價值逐步攀升，跟對趨勢越早投入，獲利就會越高。好比說挖幾株尚未染病的牽牛花，在自家封閉的溫室保護起來，就等於在家種了金銀財寶。

3. 價值是可以創造的

這裡我們舉正負兩個例子。先談負面例子，假定世界發生牽牛花疫病，假如一開始是某個邪惡科學家所惡意散播的，以某個

角度來說，那個科學家也可以說是藉由他的「創造」，讓牽牛花產生價值。

再來舉正面例子，接續前面曾談過的名牌包案例，如同大家都知道的，名牌包不是貴在它的原料成本，而是貴在它被賦予的特殊價值，這個價值創造過程，就叫做「賦予品牌價值」。

套用在理財上，若你是個從零開始準備接觸房地產投資的新朋友，就記住三個必勝投資要訣：

1. 認識價值現況

必須了解不同區域的房地產市價，並且以此為基礎再細分，判定是怎樣的區段、房型、年限等等，對每種物件所對應的行情，都該有個基本的概念。

請注意，雖然有所謂的實價登錄，但基本上房地產行情並不像去超商買水那般有絕對清楚透明的「價格」，所以還是需要老師指引。

2. 掌握價值趨勢

也就是能夠預判未來。大方向的未來有賴趨勢觀察，好比說預估某區將有重大建設，可能帶動在地房地產升值，或預測明年景氣大好，房地產會暢旺等。小部分的未來則是人人可以做到，

好比說有人不明就裡隨意下單買屋，後來發現買到的是凶宅，那麼不需要趨勢專家，任何人都可以「預測」這房子的價值，其未來趨勢是大跌。

希望透過本書，讓每個讀者可以從僅能判斷一小部分的未來，到後來可以精準看到範圍更廣的未來。

3. 創造價值提升

這也是本書的重點，如何讓原本一分的產品，有了十分的價值。或者以投資的角度，畢竟價值提升也需成本，若懂得用更低的成本，只須提升到五分的價值就好，一樣結果可以相當於十分的價值。

這也是一種既符合創造價值、又不需要投資大錢的方法。

最後，筆者要強調的，即便一個人懂得「創造價值提升」，但他一開始沒注意到「認識價值現況」或「掌握價值趨勢」，例如他一開始就用高於行情的價格買到房子，或者沒做好功課，買到一個具備嫌惡設施、難以彌補的物件，那麼就算把本書所傳授的裝潢術全都用上，也難以挽救起初就錯誤的決策。

基本上，如何提升價值判斷力和創造力，就是要靠學習。

了解「價值」的種種後，讓我們更深入探討房地產的世界。

◆ 買屋與價值創造

如同前面我們介紹過名牌包的案例可以看到，一個實體物品本身的價值可以分成兩個層面，一個是本體成本價值，一個是被彰顯的價值。以名牌包來說，其本體價值是可以計算出來的，包括皮革進料、人工時薪、機器成本攤提，加上一定比例的精算成本，例如必須把工廠本身該賺的利潤計入。

彰顯價值則是與生產本身沒有直接關係，但反倒影響更大的項目，包括社會流行、環境趨勢、商業炒作、行銷加持等。許多時候，一個物品本體價值沒那麼特別，可是卻因為有了獨特的「附加價值」而提升整體價值，好比名牌包的本體價值本來是強調實用，但附加價值是時尚品味及身分象徵，已經遠遠大過實體價值了。

以房地產投資來說，我們同樣要重視這兩個層面的價值。尤其房地產光從成本角度來說，金額本身就很大，加上彰顯價值，更形塑出一個讓民眾感到難以親近的「價格」。

最典型的例子，大家都知道的豪宅代名詞「帝寶」，其本體價值本就不斐，那是因為大廈都是以最昂貴、最高檔的材質興建，加上本身所處的地段，地價也非常高昂。但即便如此，也不至於每坪均價要幾百萬元，遠遠高過實際施工及建材含地價等所

有成本。

那麼，我們現在來尋找夢想中的城堡，或者說，我們要幫未來承接的買方尋找城堡，同樣也要考慮到這兩個價值：實體成本價值以及彰顯價值。

具體來說，本書著重的兩個主題：

第一是選對好物件；第二，提升好物件的價值。前者代表找到一個物件，其本體成本價值必須合格，並且我們又能以至少不高於市價的方式取得。

後者直接講就是裝潢，也就是如何為平凡的房子創造高檔的價值。如果以帝寶為例，每坪造價頂多 2、30 萬元，卻可以創造出每坪 2、300 萬元的「價格」，並被普遍認為是有「價值」的，這之間的價差不只是一倍兩倍，而可能是十倍以上。

現在我們不需要依照那麼高的標準，甚至也不企求要創造 100%，也就是整整一倍的價值。只先以較普通的標準，好比說，投資 100 萬元就能賺到 60 萬元，依我們豐富的實戰經驗絕非難事。事實上，就算以最低標準來看，我們普遍的房屋投報率，至少都有 50%以上。

因此再次強調，築建夢想城堡，兩個跟價值有關的步驟：

1. 選對好物件

(1) **最佳情況**：物件佳，卻又低於市價一定的比例。

(2) **次佳狀況**：物件有缺點，但低於市價相當比例。（至少低於行情 20%）

(3) **普通狀況**：物件有缺點，低於市價一定比例，但我們評估，就算加上物件回復到正常狀態所需的成本，總價也依然低於市價。

(4) **尚可接受狀況**：物件有缺點，加上事後補救，成本大致和市價相當，但我們有信心，可以因為美化而以高於市價賣出。

2. 提升好物件的價值

　　依照不同的需求，所謂提升物件價值，也就是裝潢，其所需的成本不同。基本上，自住的情況會比投資的情況耗費更多資金，畢竟選擇自己家人要住的房子，並不是以投資出售為重點，會更不惜成本（但仍須預留將來買屋換屋的投資價值可能性）。本書主力以投資轉售為重點，如何站在假想未來買方眼中，提升物件價值。

　　下面，讓我們先從找到好物件說起。

第二章

確認買屋目標：看未來不要只看現在

　　所謂的投資一定跟未來有關。如果一件商品現價 100 元，我們用 80 元取得，後來用 120 元賣出，這是一種賺價差的買賣。但這種買賣還不算是投資，因為這類植基於資訊不對等所賺的利差，一旦資訊逐漸透明後，這種優勢終究會消失。

　　而「投資」這件事不同，投資必須站在「現在」這個點上，預期「未來」會增值（若以「買空」的角度來說，預期未來會以自己預估的方向下跌）。股票如此，基金期貨如此，房地產更是如此。

　　儘管理論如此，然而實務上人人都想在股價最低點時進場，人人都想在當初微軟尚未發跡時就買到他們的股票，只是「千金難買早知道」，誰可以預知未來呢？

　　比起其他投資工具，房地產是相對來說比較容易「掌握未來」的，本章開始談房地產投資，先從「如何看未來」談起。

◆ 買預售屋要小心

讓我們啟動買屋的引擎，開始出發吧！

如同當我們駕駛車輛出發旅行前，第一件事絕對是要先設定目標。我們買屋的第一件事，也是要先確認目標：

你是要自住成家還是以投資理財為主？

如果是前者，本書所介紹的裝潢章節可以做為參考，知道如何讓自己的家，用最少的成本就可以變得更美、更有家的氛圍。當然本書介紹的投資章節也是一樣很重要，至少可以買到划算的房子，而且進可攻退可守，將來哪一天想換屋了，這間屋子一樣可以用不錯的價格在市場中脫手。

如果是後者，那麼站在理財的角度，我們更要讓自己變成這方面的專家。

「未來」這件事很重要，實際上，為何投資買屋仍有許多人鎩羽而歸，就是敗在沒看清「未來」。

具體來說，我們要看的未來，包含兩件事：

(1) 你現在投資的房子，未來（包含一兩年，或更長的五年、十年以上）的市價如何？

(2) 你現在投資的房子，未來可以多少錢轉手？

乍看兩件事很像，未來市價不就約當於未來轉手的價格嗎？理論上是如此，但在實務上，若能透過裝潢包裝，我們還是可以「改變未來」。

談起「未來」，最典型的未來模式買屋就是買預售屋了，房子尚未興建完工，甚至只是剛圈起一個工地，建設公司就可以編織夢想，向普羅大眾銷售了。既然尚無實體，建設就是不折不扣在「造夢」，買方所有的一切資訊，都存在建商所提供的文案裡。

以本書投資的建議來說，主要還是中古屋為主。預售屋建商一般從銷售到興建完工，短則兩、三年，長則四、五年，有時甚至會因工程成本增加而暫停興建；二方面，除了前述建商本身可能出問題的風險外，更常見的風險則是大環境帶來的不確定風險，類似這樣的事，我們現在翻開報紙就可以看到。

我們可以查詢許多過往被包裝成美好願景的重劃區，也曾一時人人趨之若鶩，好比桃園青埔，因為號稱捷運將打造全新榮景，乃至原本算是偏鄉的農地，短短一、兩年間價格猛漲。如果當年有人在此投資土地，早點脫手是有可能在這過程中賺到一筆的，但以預售屋投資來說，恐怕最終結局就不那麼美好了。

那些當初在此買預售屋的人，許多都不得不賠售，甚至就算賠售也不一定有人要接手。同樣的情況，在新北地區，一些所謂

環狀線捷運概念增值區，如新莊、五股一帶的重劃區，也都發生過類似的情況。

問題出在哪裡？

當初買預售屋時，價格依照的是什麼？絕不是當地一般的房價。畢竟許多重劃區在興建之初，根本就是荒地，也沒有什麼比價標準。建商給的價格，其實就是他們預估「三年後預計的」房價，也就是「如果美好夢想成真」後的房價。假設建商喊出每坪35萬元，指的不是現值35萬元，而是預估三年後每坪35萬元。

然而預售屋之所以吸引人，重點是房子尚在興建，所以買屋人不需要一次支付大筆款項，可能頭一年只需付工程款（約總價的十分之一），況且這麼小的金額，建設公司往往又很慷慨的讓投資人分期，因此就打動了一些頭期款預算有限的人簽約購屋。

但夢想是夢想，現實是現實。以2013至2018年來說，景氣真的不好，和當初建商構築的美夢相距甚大。前述的青埔重劃區，當年買預售屋的人，如今賠售的金額比起當初預購的房價金額，少則賠10％，多則賠到30％；而像是新莊重劃區，也聽過有人賠售500萬元的，即便如此，都還感到能脫手已算是「幸運」了。

當然凡事有好的一面也有壞的一面。

如果一個人純粹想買屋成家，那麼這時候就可以撿便宜了，

住到也算「發展中」的都會區，並且除非大環境糟到不能再糟，
否則相信數年後，這個重劃區依然有可能逐步繁榮。

　　那也是另一種形式的規劃未來，當然，這跟本書「以投資理
財」為主力所談的，就是不同的未來了。

◆ 分析誰來接手房子

我們投資房屋該考慮的就只有一件事：

當哪一天我想賣屋時，會有人願意接手，並且是以「我希望的價格」接手嗎？

以前述預售屋來說，碰到最大的問題就是沒有人願意接手，或者說有人願意接手，但是價格跟原先買屋時期待的價格有很大差距。

既然關鍵是「誰」接手，讓我們來分析一下誰會買房子吧！

一般來說，市場上會買屋的就三種人：自住客、置產客及投資客，許多人錯估形勢，就是沒有站在買方的思維想事情。

就以後來沒能造夢成功的重劃區來說，為何房子賣不出去？因為上述三種買屋的客人中，有兩種人不見了。投資客因為這裡沒投資價值而不進場，置產客也是基於同樣道理不進場，最後只剩下自住客可能買屋。當買方市場少掉了三分之二，價格當然會大跌。

再以買方心理分析，如果你是買屋人，當你來到一個地方，好比說重劃區，那裡都是一個一個的大建案，放眼望去有好幾

十個選擇。既然選擇多，大家就只能靠「比價」希冀獲得買方青睞，因此沒人敢賣高。如此競相比價的結果，房價就持續下探低谷，慘還要更慘。

相對來說，好比是在已經發展中的市區，某個物件要出售，可能同區段只有這間屋子要賣，那自然價值就比較高。

而且讀者心裡要有一個觀念，房子就好比車子一般，從「出廠」那刻起就逐步變成「中古」的。房子最「新」的時候，就是從買預售屋到蓋好交屋那刻，就是典型的「新屋落成」，之後若屋子一直閒置，一、兩年內勉強可以美稱為「新成屋」，但再後來就落入中古屋市場了。

當房子是中古屋時，交易對象是自住客，相對來說，預售屋交易對象是建設公司，是自住客好溝通，還是建設公司好溝通呢？往往和建設公司溝通就像是小蝦米碰上大鯨魚，而到了中古屋市場，就純粹進入一般和普羅大眾溝通的市場了。

因此，買屋選對物件很重要。先不談屋況，光是屋子的性質就很重要。如前所述，預售屋不是我們推薦的投資標的，要投資還是以中古屋為主。

關於買屋，除了選定中古屋外，接著要考慮未來買方的選擇。其實只要站在自己的角度假想，當你有一天要買自己住的房子，你會有什麼考量？你會想要哪種格局的房子？

可能你剛結婚，經濟能力有限，會想要三房兩廳，或預算不夠退而求其次，想要兩房一廳。等到你經濟能力稍微成長或家中添丁有小孩子了，並且要接爸媽來幫忙照顧孩子，那就需要四房兩廳的格局了。以此反推，你要投資的房子，就是要符合未來買方想買的房子。

就算未來買方是投資客，道理也是一樣，畢竟投資客買了你的房屋後，最終可能也是要賣給自住客。

總之，先認清自己的目標，清楚自己想要藉由投資正確的房地產，追求未來價值增值的獲利。

接著，我們來實際覓屋。

第三章

你和成功間的距離：隔著專業及仲介

　　在正式投資前，有些重要的人物一定要和他們打好關係。他們不是達官顯要，他們本身也不一定是有錢人，但他們對你將來致富可以做到很大的幫助，而儘管影響你的未來，甚至讓你可以因此致富，他們本身卻只賺取有限的佣金。

　　這個重要人物就是仲介。

　　本章讓我們開始從投資角度來尋覓房子，關鍵人物就是仲介朋友，但在那之前，我們也必須做好基本功課。因為仲介不是萬事通，不能幫我們從 0 變成 100，但當我們心目中定義什麼叫 100，也願意從 1 開始，他們就有可能協助我們從 1 變到 100。

◆ 踏出投資覓屋的腳步

如何尋找「對的」投資物件（而非最完美的投資物件），讓我們一步一步來看。

第一步：選對標的性質

如前一章所述，我們不鼓勵投資預售屋，而主張先選擇中古屋。此外，還要選擇你要投資的城市及區段，基本上，**最好的投資是找自己熟悉的地域**，好比說你是新竹人，可能就選新竹市，但就算是新竹市，也還要再細分要選哪一個區域，是靠火車站的東區，還是靠近園區等等？當然也有特殊情況，若有人純以投資的未來考量，也可能選擇並非自己現在所住的區域，例如一個臺北人，若看好未來新竹的發展，他也可以在專業導師的輔導下，選擇在新竹投資。

第二步：選擇物件型式

以房子類型來說，主要有六大類：

1. 單個房間，也就是套房。
2. 兩房一廳一衛。
3. 三房兩廳一衛一車位。這類房型可能都是年份較早，當

時興建者因預算及生活習慣，所以建物內只有一套衛浴設備。

4. 三房兩廳兩衛一車位。這也是現在臺灣最主流的買屋標的，最適合一般小家庭的格局。

5. 四房兩廳兩衛（可能附有一個車位，也可能搭配兩個車位），這類房子以換屋族為主，通常對象不會是首購族。

6. 透天厝或獨立莊園，這一類型的物件通常需要較高的投資金額。

當我們選擇物件時，既要考量未來承接的買方，更要考量自己的荷包。通常以一般素人投資的角度來看，價位在 1000 萬元以內，頂多 1000 萬元上下的房子是考慮目標。以此預算範圍來看，三房兩廳兩衛就是個很好的選擇。

其實當我們現在想想自己的預算如何，也可以預抓未來買方的預算是如何。

也就是將來買我們房子的人，他也要符合預算規劃。

1000 萬元左右的房型，是年輕人也可能購買的。有一個計算基礎就是從「政府貸款」反推，如果以青年首購貸款來換算，政府貸款額度是 800 萬元，以一般購屋貸款可以提供總價八成反

推，那就是屋價在 1000 萬元左右。

　　做為對比，過往時代，青年安心成交貸款是 500 萬元，當時市場的主力房價就是大約 600 萬元上下。

第三步：建立買屋管道

　　就算設定好想買屋的形式，離買屋尚有一段距離，畢竟，買屋不是像超商選商品那般，可以很方便挑選，交易也不是去賣方家敲門就可以談判議價的。另外，買屋需要專業，這不只是關於「如何看屋」的專業，從一開始的「覓屋」，投資人要如何找到好物件，就需要專業。

　　一般買屋，假定我們是從零開始，也就是說過往未曾買過房子，也未曾接洽過任何房仲公司，那麼如何取得房屋資訊，有以下方法：

» 透過仲介

　　這是最重要的管道，以中古屋來說，95％案源都來自仲介。臺灣有幾十萬個房屋仲介從業人員，透過他們幫忙，絕對遠勝過自己尋尋覓覓。

» 售屋廣告

通常是在想要購屋的區域，藉由開車或騎車經過，就能尋覓的資訊。即便如今網路普及化，傳統的文宣依然是主力。我們走過人行道時，就經常可以看到仲介公告的銷售看板，包括最傳統的「電線桿廣告」也可以看得到。還有最直接的，在欲售的屋子門上掛著售屋招牌。

» 報紙廣告

雖然新聞媒體早已數位化，許多大型報紙已經沒有分類廣告版了，但依然有很多地方型小報有這類廣告，甚至有這類的專屬文宣小冊，這在非北、高這樣的大都會區非常常見。

» 小蜜蜂

在一些鄉鎮地區，到今天依然有這類的廣告，透過騎車或小貨車型式，沿途慢慢開，車上掛著售屋看板。

» 社區管理員

若我們相中某一帶的社區，好比說想要購買新竹城隍廟周邊的房子，就可以專程去該區段的社區，向社區管理員打聽看看，該社區有沒有房子要賣？或者有時候在社區電梯公告欄，也會看

到相關訊息。當然，前提是你要獲准進入社區才行，不然就看不到這樣的資訊了。

» 政府公開資訊

這主要指的是法拍屋、金拍屋，這類投資物件比較特別，一般新手投資人比較不會接觸。

» 網路

類似「591租屋網」這樣的房屋交易平臺，都可以找到許多物件，另外，像是信義房屋、永慶房屋等大型房仲集團，也有相關的物件介紹網站。

» 組建開發團隊

這是比較進階的管道，當你成為專業投資人，有至少一次買賣中古屋經驗後，可以邀約房屋置產同好集結成團隊，分工合作買屋。當然，這過程也可以邀請新人參與，不一定要全部都是已經有買屋經驗的朋友。

◆ 跟仲介打好關係

有句話說：「有關係就沒關係，沒關係就有關係。」這適用在各種產業的社交應酬，也適用在房地產投資。

理論上，當仲介幫我們服務，他可以賺取一定的佣金，因此對仲介來說，我們是他們的客戶，是他們的財神，仲介理當對我們禮遇。實務上，的確我們是仲介的客戶，但反過來說，我們也有求於仲介。並且，若透過仲介幫忙，有可能因此讓我們賺到幾十萬、幾百萬元，因此，就算以筆者團隊已在投資業界經營很長時間，我們都仍始終對仲介以禮相待。

所謂禮尚往來、投桃報李，我們跟仲介關係搞好，商機變多，自然對我們自己致富有很大幫助。

前面介紹了八種尋找房屋的方法，但其實萬流歸宗，特別是對一般小資上班族來說，不管一開始是透過什麼方法，最後往往還是會需要找房仲。例如上班族可能初步是上 591 租屋網搜尋物件，而等到實際接洽後，對方就是房仲，以此來認識「第一個」房仲。

畢竟如果我們冒冒失失跑進房仲門市，劈頭就說要找房子，然後沒頭沒腦就要仲介幫自己找，這樣對方也會很困擾。通常第一步還是自己看到什麼物件訊息，因此和仲介有了接洽標的，

這樣再來談比較好。前面說「有關係就沒關係」，和仲介「有關係」真的很重要：

第一，你總希望你的接洽仲介是了解你的吧！他懂你要的風格及房型，而不是每次看屋都是「隨便看」，浪費彼此時間，但如果你們彼此不熟，他當然只能帶你亂看。

第二，投資就是要找好的物件，最好一開始是低於市價很多的。然而好物件人人都想要，當市場一有這樣的物件釋出時，仲介知道後要先通知誰？當然是通知「關係好」的人。

因此，我們都鼓勵想要長期投資的朋友，一定要跟仲介打好關係。最好的情況就是明明他口袋裡有七、八百個名單，但他一有好物件只會打給幾位優先名單，而你就是其中一位。符合這種情況兩個要件：

1. 平常就和這位仲介互動良好

社會是現實的，就算是經常保持互動，但若沒有交易也難以持久。畢竟仲介要靠佣金賺錢，此時就需要搭配第二個要件。

2. 最好有實務交易往來

不一定是你本人，可能是你介紹別人買房子，或者就算你本人看屋，但後來沒買，至少會讓對方知道，你真的要買房子，

只是還沒找到適合的。如此一來，只要他一有好的物件就會通知你，這樣他才有更多機會成交。

　　跟仲介互動前，有幾個基本的問題是他們必問的，也是我們心中要有明確答案的，當你公開透明，仲介才好做事，雙方合作便能長長久久。

》預算多少

　　界定清楚自己的預算，才不會做白工。不要他帶你東看西看，你這也不要那也不要，最後問你為什麼才告知仲介，口袋根本沒那麼多錢。

　　一般仲介會和你確認清楚你的預算是多少，大約要 1000 萬元價位，還是 800 萬元價位等等。

》為何要買屋

　　想要自住還是投資？要投資的話，預計是怎樣的方式？

　　以投資來說，基本上有兩種方式，一種是想當包租公，一種是想買低賣高轉手，若有可能都要和仲介說清楚。

» 有什麼預設的限制

可以設一下自己購屋的底線，例如：屋齡不要超過二十年、要有電梯、環境不要太吵……等等，或者主動列出條件：最好附近有學區、有公園……等等。另外，一些個人特殊的要求，例如有人買屋非常重視有沒有夠寬的前陽臺，在桃園、新竹地區可能這類的物件有限，這都要事先講清楚。

第四章

找到投資物件：不求完美但求最適值

有句話說，世界上沒有絕對的美，只有相對的美，這句話應用在投資上也是如此。

在投資這件事上，有時候最適合的狀態反倒是「有缺點」的狀態，也就是說，越完美就越不美了。就好比我們攀登高山，當我們已經來到制高點，那感覺已經是最理想狀態，實際上卻代表著，往後的路只有下坡，不能再有更高境界了。

投資房地產，讓我們不要一味追求完美。但雖說如此，也不是要你追求「不完美」，而是應該尋找本身條件夠好、符合基本要件，只是「尚有改善空間」的物件。

◆ 買屋的基本選擇

具體看屋最重要的兩件事，第一是地點，第二是價格。

若這兩點不符合你的標準，後面再好的條件，包括屋況很好、生活機能佳等等，都不再重要。

基本上，這兩者要兼顧。特殊情況下，若價格真的很好，可是地點不佳，也有投資人會考慮。例如某個物件因為前屋主急於脫手，以低於市價三成求售。即便如此，以低價買進後也要有心理準備，那就是取得成本雖便宜，但將來要售出時，因為地點不佳的因素，可能要等上一年半載也不一定有買家。

整體來看，

若買屋要找出「唯一」重點要件，

無疑就是「價格」了。

有句話說：「**買便宜什麼都不是問題，買貴什麼都是問題。**」

即便前述那個地點差的房子，若我們以市價七成價格取得，後來願意以七成五價格出售，例如市價 300 萬元，我們用 210 萬元取得，然後以約 230 萬元賣出，相信價格夠低，就可以加快銷

售速度。前提是因為我們當初入手價格很低，所以就會有很大的彈性銷售空間，即便壓低價格，我們也依然有利潤。

重點在於，便宜的後面要付出什麼「代價」？

所謂「便宜無好貨」，如果要我們用低價買劣質的食物，相信你我都不要；用低價買山寨版的手機，相信大家也都不要。但房地產市場不同，房屋基本上沒有什麼明確的優劣之分，只有「適合不同族群」的物件。

除非已經被判定是海砂屋、輻射屋等不堪住人的，才是真正的「劣屋」，否則就算是「凶宅」，也都還有一定的銷售市場。例如無神論者，根本不信鬼神，更不怕什麼他們認為子虛烏有的靈異傳聞，他們就願意購買凶宅。

但便宜一定有原因，房子「堪住」仍是基本要件，倘若不堪住，再便宜也沒人要。在堪住的前提下，低價有兩大類原因，一類和房屋本身相關，一類和屋主相關。

1. 和房屋本身相關的低價原因

基本上就是屋況不好，包含漏水、屋內有破損，或者是屋況髒亂不堪等等。

2. 和屋主相關的低價原因

在房地產投資領域，對買方來說，最夢幻的交易物件自然是這類和屋主相關的低價屋，包含屋主因為要出國急於售屋，或者該屋是遺產，繼承人只想要拿現金，不嚴格要求價格等等，這類物件就是傳說中的「蘋果物件」。

但這類好康畢竟可遇不可求，大部分時候，便宜的背後往往就是屋況有某方面的問題。其中漏水是最常見的狀況，漏水相伴而來的就是壁癌，其他大部分是格局很糟導致賣相差等等。

對投資人來說，一個基本的投資心態是，我們要抱著伯樂看千里馬的心情來覓屋，甚至我們要了解，我們有將麻雀變鳳凰的能力。既然我們一開始設定要先找「看起來像麻雀」的對象，自然就不要追求完美。事實上，有時候反而看到麻雀型的房子要很高興才對，因為那代表：我們有殺價籌碼了！

殺價代表有機會更低價，

低價代表有機會賺價差，

價差就是我們投資理財的主要目的。

所以「不完美」反倒是投資獲利的機會，只不過所謂不完美，必須要評估其嚴重程度。以汽車來比喻，車子外殼撞凹那是

不完美，車子引擎整個報廢也是不完美，但前者車子還可以前進，後者則車子完全是無用廢鐵。

房子更是如此，如何評估房子，進而做到讓麻雀變鳳凰，這裡要小心一個錯失，投資計畫整個破滅。例如筆者的朋友，也曾因為投資誤判，買到問題重重的房子，即便投入諸多資金亦難以改善的狀況，最後只能認賠殺出。

列出幾個常被忽略的嚴重狀況：

1. 產權有問題

原屋主背後有種種利益糾葛，導致無辜的後續承接人，困擾重重。

2. 房屋本身有糾紛

例如曾有人房子買了後，才知道該屋是已被通知必須拆遷的違建。或者該屋所在位置非住宅區或土地有爭議等等。

3. 房子有不被告知的背景

成交後才知道屋子是凶宅，但前屋主辯稱，依照法律規定，要在屋主居住期間發生非自然死亡才算凶宅，可是該凶宅情況是在許多年前他尚未搬進去前，因此與他無關云云。

4. 錯估屋況

原本以為只是壁癌，後來發現整棟房子內裡根本都已經爛透了。以為只是漏水，但後來才發現漏水情況比預估要嚴重許多，根本是超乎預算的大工程。

5. 無法改善的環境問題

買下後才發現附近是黑道堂口或者鄰近夜市，晚上根本吵到不能睡，但當初買屋時沒注意。

像以上這類情況，花再多錢也不可能改善，那就真的很不完美，投資人不談投資致富，可能連保本都做不到了。

到底如何看屋呢？房屋分外在和內裡，首先介紹如何從外在看屋。

◆ 看屋：外觀篇

所謂看屋，一般買屋者主要都是看房屋本身的格局，以及內裡感覺喜不喜歡。但整體來說，從外在看房子，占整體做出購屋決定相當的比重。

重點包括以下兩個：

1. 看大範圍環境

附近生活機能是否方便，是否有學區、交通方式如何、停車位是否充足，以及周邊是否有嫌惡設施⋯⋯等等。

2. 看小範圍環境

也就是物件所在的社區或大樓，整體居民品質如何、環境是否乾淨整潔、該社區是否有影響居家安全的好比說瓦斯行或八大行業⋯⋯等等。

如何看屋也必須有方法，以下列出基本訣竅：

1. 白天晚上都要看屋

很多時候，狀況都出在晚上。可能白天看起來屋況雅緻、窗

明几淨，一切都好，然而到了晚上卻有另一番面貌。例如有些街巷白天安安靜靜的，但晚上卻成了夜市，吵鬧到通霄；或者白天沒特別感覺，但晚上卻發現其實附近有「嗡嗡嗡」的噪音。

此外，若房子位在社區大樓，還可以留意「點燈率」。當夜晚看整棟大樓只有零零星星的燈光，就可以知道本棟樓的入住率很低，基本上大樓可能有一些隱藏的問題；相反的，入住率高的大樓，夜晚會有九成以上的燈都是亮的。

2. 親自爬樓梯留意環境

有些物件位在高樓層，可能搭電梯很方便，但在看屋時若特地在下樓時改走樓梯，就可能看到很多之前沒注意的地方。例如樓梯間髒亂雜物亂堆，還有不同樓層可以看到哪家門口鞋子亂放，這些細節也可以看出大樓管理的風格。

當環境不好時，將來要出售或出租的困難度也相對較高。

3. 和管理員交流

管理員經常是最懂整個社區或大樓情況的人，只要稍微對他們客氣些，遞根菸或請他喝杯咖啡，告知自己將來有可能入住，管理員就會和你分享一些社區「祕辛」，譬如這個社區經常有什麼糾紛、搬遷率很高、管理費多戶未繳等等，當你一邊聽管理員

發牢騷，一邊也就有個底，這裡是不是值得投資。

此外，從社區公布欄也可以看出管理的端倪，例如上頭張貼了催繳通知，這個社區竟然有高達十幾、二十戶都沒有繳管理費，背後可能就是他們對管理不滿。或者另一個角度來看，這裡住戶的經濟狀況普遍不佳，相對整個大樓可能都是住著素質較不高的人。

甚至有些社區連管理員都沒有，或者當初管理合約有時段性，六點後管理員就下班了等等，這些也都會影響未來買屋後想轉手時，潛在買方承接之意願。

4. 在周邊散步

既然都來看屋了，不妨花點時間在附近走走，一邊認識環境，也可以發現有沒有問題點。以居住來說，舒適美觀很重要，但安全更是重要。若發現房子所在的巷弄附近汽、機車亂停，若有火災消防車可能進不來，甚至房子根本就位在窄巷，那就不是好選擇。

逛街也可以看看周邊是否有宮廟（可能不定期會有祭典帶來環境吵雜，或者陣頭武班出入）、聲色場所（可能進出會有黑道人物），以及類似瓦斯行這般不定時炸彈等場所。那些可能在賞屋時看不到，但逛街時才發現巷口轉個彎可能迎面而來就是撲鼻

異味。

　　例如有的社區周邊有居住多年的拾荒老人，說他撿破爛，但其實本身可能不是窮人，只是習慣性的愛撿東西回家到處堆放，也不可能趕他們走，因為對方甚至居住此地比大樓還久。若等買屋後才發現，已經後悔晚矣。

5. 留意有無嫌惡設施

　　許多的仲介朋友帶你看屋時不是說謊，他們只是「不全然說實情」而已。例如有一次看屋，到處看都很好，附近綠意盎然，屋子通風良好，感覺很愜意，但無意間我打開一扇原先刻意被緊閉的不透明玻璃窗時，發現對面的草地感覺怪怪的，再仔細看，才發現是一落一落的墳墓。問仲介怎麼沒說，他竟回答因為我們沒問，所以他也沒特別說。

6. 其他小地方

　　有的社區可能有麵包店甚至餐廳，這除了有安全問題（擔心火災）外，也會有衛生問題，通常有餐飲相關的店面在大樓內，就容易吸引來老鼠、蟑螂，進而帶來環境的衛生及健康隱憂。

　　另外，關於海砂屋或輻射屋，基本上這在買賣房屋時都是必須告知的事項，附帶說明的是，若有人覺得為了將來安全，特

別花錢找來檢驗人員檢測，往往會赫然發現怎麼被檢驗出所氯離子含量過高，但其實專家說，臺灣有許多的房子只要在霪雨季節裡去測，多多少少都會測到含氯離子，但不因此代表這就是海砂屋。

◆ 看屋：內裡篇

內裡看屋學問更多，但這裡再次強調我們投資的一個重點：我們不是要最完美的房子，而是找最適合的房子。

最適合就是指：

1. 地點位在我們心目中理想的投資地段。
2. 價格低於市場行情，並且符合我們的預算。
3. 內裡有小缺點，但大方向我們可以接受。
4. 裡裡外外沒有不可改善的缺點。
5. 即便我們把缺點都列入考量，精算下仍有獲利空間。

外在的缺點如前一節所談的環境問題，那就是無法改善的缺點，內在缺點，例如整個屋子格局非方方正正的，除非重建，但這件事是不可能的，這也是不可改善的缺點。

找到適合的房屋，依然要確認內裡有哪些缺點，一方面做為計算修繕及裝潢成本的考量，一方面也做為殺價的籌碼。

殺價籌碼很重要，好比說我們看到一處牆角壁癌嚴重，內心小小計算大概只要花 2、3 萬元即可處理，但面對仲介，我們卻可以皺著眉、搖搖頭說這情況太嚴重了該怎麼辦？於是仲介再和

原屋主協調，一口氣又可以殺下 20 萬元。

　　最怕的是有問題，事先沒發現，不但少了殺價籌碼，且日後多了許多成本。例如有個物件整體看了大致沒問題，直到正式簽約交屋後才發現，廚房旁的排水管竟然是堵塞的，並且是惡意用水泥塞住，當初看屋卻沒留意到這地方。

　　其他包括外在問題，若你本身想想其實還是可以接受的，依然要列出來做為殺價籌碼。例如不遠處有高壓電線、周邊巷弄偏窄等等，可能一個條列項目就可以價值六位數字的殺價。

　　例如：你看，那裡有高壓電，不好吧！怎樣，可否再降個10 萬元？

　　這裡也條列檢視屋子內裡的注意事項：

1. 壁癌跟漏水

　　不是每個屋子都可以一眼看出是否漏水，畢竟賣方為了讓賣相好看，可以透過油漆或裝設遮蔽物（如假牆）刻意掩飾漏水的。由於漏水往往帶來日後修繕一大花費，因此要特別花工夫去檢查。檢查重點包括窗框附近、外牆，若是位在頂樓，天花板也要特別留意，可以推開天花板的維修孔看看內裡有無積水。

　　就算不是在頂樓，也依然有漏水的可能。好比說樓上對應位

置正好是浴室，特別是老舊房子，以前可能有浴缸，後來改為乾濕分離設計時把浴缸拆了，地面卻沒有做好相應的防水層，積水久而久之就會滲到樓下天花板。

另外，壁癌的發生自然是跟漏水有關，特別是風吹雨打的外牆內面，就算刻意用油漆遮掩，近看也還是看得出痕跡。

2. 靜靜的感受

大部分的屋況一眼就看得出來，例如格局、幾面採光等等，但有些時候還是要靠感覺，甚至要配合道具。

例如可以站在客廳，閉上眼睛感受空氣的流動，一個好的屋子，最好是前後兩端都通風，如此會有一種氣流，在這樣環境下感覺也比較健康。相反的，可能會有種氣悶不順的感覺。

另外，有時候閉上眼睛，會察覺到似乎哪裡不平衡，這時候可以試著拿出道具，可以是一顆乒乓球或小皮球，當你把球擺在地板上，若發現球沒有靜止，而是朝某個方向滾去，就會知道原來地板是高低不平的。

3. 和風水相關的禁忌

也許讀者會說，反正又不是我們住，但我們要假想未來的買方是注重風水的人，因此，我們在買屋時也要注意這方面的事。

有人看屋還會帶著指南針，了解房子座向。

　　以另一個角度來說，房子買了就算不住，也是我們的資產，也就是說我們也算這屋子的「主人」，一些風水之說，像是否有沖煞等等，還是寧可信其有。

4. 耐震度檢驗

　　買屋除了害怕漏水外，另外怕的就是房屋結構安全性了，畢竟臺灣位處地震帶上。但一般來說，只要是 SRC（鋼骨鋼筋混凝土結構）或 RC（鋼筋混凝土）的建物，大致上沒問題。若是加強磚造結構，就比較危險。

　　例如 921 大地震災情最嚴重的南投，當地主要都是平房，以加強磚造為主。現階段我們看屋，若屋齡超過 20 年，肯定都已經歷過 921 大地震，也就是已經歷過考驗了。

PART 2
裝潢知識篇

打造獨一無二的幸福城堡
—— 屬於你的品味，屬於你的風格

第五章

成為屋主後的第一課：房屋審視學

　　我們常聽一句話：「佛要金裝，人要衣裝。」甚至有人笑說，深夜上廁所，看到卸妝後的老婆也起床要如廁，會嚇到認不出來以為看到鬼了，這都是強調「妝點」的重要。

　　妝點有多重要呢？對一個人來說，透過好的形象，可能讓自己嫁入豪門或爭取到好工作，自然很重要；對房子來說，妝點前、妝點後的差別，更是重要。

　　簡單來說，就是中間「金錢差距」很大，不是幾千元的差距，而是幾萬、幾十萬甚至上百萬的差距。

　　聰明的房屋投資理財達人，絕對就是善於抓住「妝點前」及「妝點後」差別的人。

　　首先，讓我們從零開始，假定我們是屋主，自己會怎樣看裝潢。

◆ 以屋主角度看裝潢學

假定我們是屋主，先不管房子後來是要自住、出租還是轉售賺差價，基本上，我們對房子會有三種層面的要求，這也就是當我們談房子「變裝」的三個基本考量：

第一層需求：堪住

這是最基本的需求，房子一定要堪住。如果一開始就買到一間完全不堪住的房子，後果就會比較慘，可能自住和出售都不容易。不堪住的情況包含許多層面，簡單畫分就是安全層面以及心理層面。

安全層面，包括最糟的狀況是危樓，根本就不能住人。其次則是格局差、海砂屋、輻射屋或是嚴重到無法變更的建築物本身瑕疵。

心理層面，最典型的就是凶宅，另外對很信風水的人來說，房子本身是「沖到煞」那種。

然而，這中間有很大的彈性判斷空間，這也牽涉到投資者的專業。有的人可能只要有個棲身之地，就算房子破爛快崩塌也無所謂，或者類似山中工寮、臨時棲地等，這些特殊狀況暫不列入討論。這裡要討論的是：

1. 看起來很不堪住，實際上沒那麼不堪住。
2. 看起來很不堪住，實際上花點錢就可以變堪住。
3. 其實沒有那麼不堪住，只是被一些假象所蒙蔽。

以上三種狀況，就是典型的「投資落差」，賣方因為房子狀況太糟，以為完全不堪住，所以開價很低。實務上，在專業投資人眼裡，卻是有機會花點小成本就能「麻雀變鳳凰」的，特別是以上第 3 點，好比屋子前手是收破爛的，屋內堆滿垃圾、傳出惡臭，但實際上屋子本身架構並沒受到影響，只要花些工夫把垃圾清掉重新清潔一番，立刻煥然一新，從完全不堪住變成優質堪住的居所。

第二層需求：安居

所謂安居就是指一家人所得剛好夠用，在日常衣食育樂花費後，已經沒有餘力再花工夫在房子上增添什麼了，但即便如此，房子還是可以讓我們好好生活，這就是安居。

實務上，現代人很多買屋或租屋，都是先要求可「安居」就好，最典型的例子就是學生租房子，可能只要讓他晚上有地方睡覺，且房子基本上可以遮風避雨，各項功能也都有，那就夠滿意了。此外，臺灣很多家庭都採取「樸素」的內裝感，講白點，就

是「完全沒裝潢」的意思，可能就是基本的水泥牆壁、日光燈、磁磚地板、普通的紗窗紗門等等，反正只要有客廳、有臥房、有基本家具，大家和樂融融，就是個溫馨的家。

　　在房地產投資實務上，很多時候，如果當初購買的物件本身格局以及房屋狀況都沒問題，若再加上地點好，經常只要「裸裝」就可以售出或出租。例如購買位在都市蛋黃區的公寓，可能只需簡單的油漆清理，也不須任何宅裝，光這樣就已經可以快速出租，賺取租金收入了。

第三層需求：夢想

　　夢想值多少錢呢？在房地產投資領域，夢想往往可以值很多錢。典型的例子，一間原本普通的鋼筋水泥公寓，經過設計師巧手規劃，營造成一個美輪美奐的空間，一進門有溫暖的燈光，映照著溫馨布置的客廳，臥房裡還有雅緻的畫作及藝術擺飾。

　　賞屋的人不是來看屋況，而是融入一個「夢境」，那樣的時候，住屋的價值當然大幅提升。並且，透過專業的搭配，絕對可以讓「實際投資成本」遠遠低於「夢幻呈現出來的價值」。

　　若把屋子依照評分，從最不堪用的 0 分到最頂級夢幻的 100 分豪宅之間，哪一塊是投資人可以介入的區間呢？

答案是從外表屋況 10 分、實際屋況 40 分，將房子變身為外表屋況 90 分、實際屋況 80 分。

真正不堪住的，絕不能投資，但實務上整理一下可以住的，這才能投資。

真正妝點成豪宅，投資人不做這種事。實務上，則是妝點成「類豪宅」。

以上二者，一加一減間代表的，就是投資人的獲利。

所謂一加，就是指原本價值沒那麼貴，但因為裝潢得太美了，於是房價被高估；所謂一減，就是原本房屋價值沒那麼差，但因為原始屋況看來很糟，於是房價被低估。

在被低估的狀態下購入，然後再以高估的價值出售，這中間的學問，就是房屋投資學。而這中間的技術，就是裝修裝潢學，也就是本書所說的「麻雀變鳳凰」。

◆ 如何跟設計師建立關係

接續前面的房屋變裝三需求，其代表的裝潢裝修意涵：

(1) 從不堪住到勘住：需要修繕。

(2) 從勘住到安居：需要裝修。

(3) 從安居到夢幻：需要裝潢。

將以上三種需求細分，實務上的裝潢裝修有以下五種作業：

修繕、拆除、隔間、裝潢、宅裝（或稱宅妝）。

以投資理財角度來看，最佳的投資方案就是可以花最少成本，卻依然有市場，或者花一定成本，但可以獲得更高投資收入者。以此來區分，當我們身為投資人，我們可以做的抉擇，將以上這五個選項從「全無」到「全有」間的所有搭配，都有可能。為了讓讀者更明白，以下簡單舉例：

1. 全無的例子

房子買來後只須自己簡單打掃就可以再轉下一手。

投資金額：0

2. 單一選項的例子

(1) 房子買來後，必須做些小修繕，例如浴室馬桶壞了、鋁
門窗壞了等等，要修繕處理，但不需要動到大格局。

投資金額：依損壞情節而定，大致在幾百元到幾千元之間。

(2) 只需宅裝。房子本身買來時條件就很好，但因為未來想
租給學生，因此房東買來沙發、書桌、床等基本家具，
讓房子從空屋變成有住家的感覺。

投資金額：簡單的宅裝費用可以從 5 萬元到 20 萬元，但只
要經過專業設計師規劃，即使 5 萬元也可以讓房子變得美美的。

3. 多項並存的例子

通常這代表比較大的工程，可能房子需要隔間拆除、重新隔
間，或者在裝潢的過程中，也要搭配部分修繕。

這中間牽涉到許多環節，包含如何施工、如何選購材料、如
何安排工序乃至於公安規定等等，本書並非工程專用書，後續只
針對投資人的需求，談一些簡單的裝潢裝修觀念及基本常識。

投資金額：這方面的投資金額較複雜，在後面會一起整理。

4. 一條龍施作（也就是全有）的例子

在投資實務上，我們的確碰到很多這種案例，也就是我們承接一棟房子後，接著還需處理多樣環節，包括房子本身要有諸多修繕，然後格局要改，這中間牽涉到木作、泥作等等，最終要裝潢，然後還搭配宅裝等等。

投資金額：基本上依照使用人的需求而不一。好比說這房子要自住的，也許整體裝潢裝修要 1、2 百萬元以上都有可能。但若純以投資的角度來看，只要做到「符合市場接受度」就好，這樣裝潢裝修成本，可以控制在幾十萬元內。關於較細部的說明，會在後面章節加以介紹。

這裡我們來統整一下，假定今天你是個屋主，你可能上週剛買下一個需要整理的物件。那麼，從零開始，你應該做到哪些步驟呢？

1. 你必須找到一個好的設計團隊

除非你本身對這方面很有自信，否則不建議自己發包，也不建議找統包，最好是找一個設計師統籌，以後討論事情都以該設計師做為窗口。

2. 和設計師開會討論這間屋子

(1) 房子本身有哪些地方需要修繕？

(2) 房子本身將來希望呈現的樣子為何？包括格局與動線兩個最重要的因素。

(3) 確認設計師了解你的意圖，請設計師回去做規劃。其中很重要的一點就是屋主的預算，如果屋主預算只有30萬元，卻想做60萬元的規劃，設計師也必須當場告知這不可能。唯有當屋主的預算符合設計師規劃所需的成本含利潤，雙方才能進展下去。

(4) 設計師提出他的規劃草圖，身為設計師，必須已經顧慮到各個層面，包括哪裡要埋線、哪有要安裝插座等等，都必須在圖上呈現，絕不能發生日後施工後，才突然說這邊要多個插座、那邊要補個什麼之類的。那是施工大忌，並且會帶來額外的成本。

(5) 設計師的草圖和屋主充分討論，把每個情況都考慮進去。

(6) 依照這樣的情況做報價。該報價單必須條列詳細，絕不能只是大略說木作要幾萬元，泥作要幾萬元，最好必須細到裝修要用到多少水泥油漆、要安裝多少插座等等。

(7) 施工與付款的搭配。原則上付款可以分成四、五期，工程更複雜些甚至可以分更多期。但也可能只是小小的修繕，

那就只需簡單的分兩期，訂金及完工款就好。雙方的互動，包含：

a. 最簡單的修繕，包含漏水處理、天花板重整等等。

b. 需動到泥作，也就是牽涉到隔間裝修或浴室重建等。

c. 更複雜的整體裝修，那就牽涉到泥作、木作、電工等。

d. 包含最終是否要裝潢，裝潢要採取什麼風格也要事先討論。

3. 正式施工

基本上會雙方約定預計多久完成。對設計師來說，絕對不能犯的錯就是搞錯工序。輕則耽誤完工時間，重則帶來龐大額外費用。所謂工序，並沒有一定的標準，但大體上的順序是：

修繕→拆除→電工→泥作→木作→宅裝

其實細分起來，還包括可能家中浴室要整修、客廳要重新裝潢等，過程中的工序，如油漆、配線、地下管線、裝訂木櫃，乃至於工人進出作業不要彼此「卡住」，例如做木櫃前要先牽好管線，但如果這方面沒聯絡好，導致木工來了也無法做事。

以上種種的細節，絕非表面上所以為的「理所當然」。有一

些屋主為了省錢，選擇自己個別外包，結果後來因為不懂安排工序，反倒造成各種混亂，導致成本暴增。

4. 裝潢及宅裝

裝潢及宅裝是屋子最後美化的部分。

» 裝潢

原則上若沒有牽涉到施工的部分，屋主是可以事後追加的，但若牽涉到施工，例如泥作都已經完成才說這邊要再裝個電視牆等等，這就是非專業的作法。

» 宅裝

這部分則比較簡單，甚至也可能分二階段，第一階段先把屋子裝修打理好，後來若有需要，再準備另一筆預算做宅裝。

以上就是身為屋主的人，最基本應該了解的裝潢裝修流程，接著讓我們來看更進階的實務。

第六章

就算不懂施工也要懂裝修基本原理

　　凡事的境界都是由「好」然後追求「更好」，以房子投資來說，致勝的基本道理，也就是「賺差價」的關鍵也是如此，只是我們的起步可能要從「不那麼好」開始，從接收屋子那一刻開始，我們先追求「及格」，再來追求更高的分數。

　　第一個關卡是讓房子堪住，第二個關卡則是讓房子得以安居。對於投資人來說，這兩個關卡是基本的，如果做不到，就不能讓房子找到下一個買家，即使是自住，若不得安居，也住得不舒適。

　　堪住，最主要指的就是修繕。

　　關於修繕，本書不談工程施作的細節，僅針對身為投資人應該知道的基本修繕知識做說明。

◆ 房子堪住的基礎要素

所謂堪住，簡單講就是可以住人。這裡的標準不是簡單的遮風避雨而已，而是必須做到「基本功能」具備，也就是房子至少不要漏風、漏水或白蟻橫行，也不要有像廢墟般的斑駁脫落。至於內裡設備，該睡的地方要能睡，該洗浴如廁的地方，也都必須處在可使用的狀態。

以整體修繕規模來看，可分成兩個面向：

1. 格局重造

以實務來說，初始最大的工程就是更改格局，包括拆除原本的隔間重新施工，規劃新的動線格局。這部分對讀者來說，既然作業都是委託給師傅，我們身為必須做到的就是兩件事：

» 一開始要確認好房子所需的格局

有時候可能牽涉到大變動，例如將原本的二房變成三房，或是大空間隔成許多套房等等，無論如何，都需要屋主自己做好確認。包含：

1. 設定好將來屋子的用途，是要出租還是宅裝出售？或者是規劃一段時間出租，然後等個一、兩年後再出售。

2. 這樣格局的房子市價多少？預計購買的族群是誰？

3. 這樣的格局真正能為整體賣相加分嗎？若可以，需要多少成本？這個成本負擔得起嗎？日後保證可以回本嗎？

畢竟更改格局屬於大變動，一定要想清楚才做，否則後面再來後悔已經來不及了。

» 要百分百確認，設計師了解自己的意思

許多時候，屋主為了省錢，找到號稱比較便宜的統包工班，最終卻因為溝通不良，帶來許多問題。即便是專業的設計師，如果屋主當初表達不清，甚至屋主本身就對「想怎麼做」不確定，想法總是變來變去的，可能昨天說好的事情，明天又一通電話想要反悔，當然會讓設計師無所適從，也難寄望最終修繕結果會令人滿意。

正常的情況是設計師應該擁有修繕的種種專業，就算屋主比較外行，他也能透過詳細詢問，真正了解屋主的意思。好比屋主描繪出想要「某部韓劇女主角臥房的感覺」，他也必須可以揣摩出屋主內心的那個藍圖，並且要以專業的語言，化為修繕建議書和草圖，再和屋主報告。

但屋主也必須百分百確認雙方講的是同一件事。如果彼此的

認知一致就可以正式簽約，把房屋交付給設計師。

　　至於工程中的種種，專業設計師必須站在屋主的原始意圖上，發揮全方面守護的功能。包括這樣變更格局的施工，是否牽涉到各種公共安全規定，例如基本梁柱不能動到，若有額外加蓋的地方，是否要申請等等。

　　此外也要提醒屋主，施工期間要做到敦親睦鄰，事先告知將於幾月幾號到幾號之間，可能會有施工帶來的噪音。事先拜訪送個小禮，就不會帶來往後的不愉快。

　　格局改造就好像剪頭髮，不能剪到一半臨時喊卡，必須一路剪到完。屋主若還沒想清楚，寧願先和家人認真討論並做好決定，再來發號施令。也不要每天興致所至，以為可以這裡加一點、那裡加一點，來將房子做改造。

　　本書稍後也會有各種設計風格，以及裝修建材的功能和最終呈現效果的展示介紹，讀者們也可以多參考這類照片及樣本，再來做決定。

2. 局部修繕

　　除了整個格局翻動屬於大工程外，大部分時候，我們碰到的還是局部工程。但就算如此，有些工程也是規模不小，例如整個浴室打掉重做，就是不小的工程。

以下分別說明局部修繕的範圍：

» 天花板

許多時候，當天花板明顯看到脫落，有的油漆還剝落，當然需要修繕。另一種情況是，做為裝潢風格的一環，想要讓屋子整個改頭換面，此時天花板就必須整個換掉重做。

以追求投資報酬率的成本考量，專業設計師一般都會建議，天花板不是裝潢修繕的必要項目。畢竟很少人會因為「對天花板不滿意」，而打消原本購屋或租屋的念頭。也就是說，即便你投入大成本把天花板換掉，卻對整個房屋觀感的加分非常有限。

有一種情況是不得不重整天花板，特別是購買年代久遠的老屋，由於相關的管線已經老舊，但新的線路要怎麼處理，避免管線大刺刺的露出來有礙觀瞻，簡單的方法就是重做天花板，把管線隱藏在天花板裡。

一般新修繕的天花板，採用的是木作或矽酸鈣板。矽酸鈣板外表看起來像木頭，實際上則是塑化合成，最大的優點就是可以防火。

以成本來看，許多人裝潢修繕時，並不會把整間屋子的天花板重做，而只選擇局部（好比說客廳）更換，實務上的成本計算，依每個師傅的資歷而有些差距。基本上，連同材料費以及工

錢，天花板每坪計費是 3,000 至 3,500 元。若是 2、30 坪的房子，整個天花板都換掉的成本是挺高的，甚至可能超過 10 萬元，因此並非必要修繕項目。

» 地板

地板是每個看屋人進到新屋後第一眼就看到的，往往會帶來第一印象的好惡。一般純粹的中古屋，地板可能就是普通磁磚，而且年久失修，帶來的觀感普遍不佳。

然而相對的，若地板帶給人的印象良好，空間搭配適當的油漆、清理，就可以迅速讓買方印象加分。所以在基本的「麻雀變鳳凰」施作中，投資一定成本在地板翻新上，只要預算抓得對，變裝後的房子可以提高相當的賣價。

地板並不需要使用高級大樓那種大理石磁磚或是其他高檔石材，以一般中古屋主力族群是小資族首購甚或出租為目的，不妨考慮成本在合理範圍內的木作地板。以下是常見的四種地板：

(1) 實木地板

特性：天然木材為原料，整塊都是用同一種木頭切割而成的木地板。無危害人體的物質，同時可散發天然木香，木質紋路天然，可依裝潢搭配選擇適合的木種。

優點：耐用、環保、腳感好、調溫、美觀天然、芬芳、循環
利用。

缺點：容易刮傷、難保養、較易彎曲變形、價格高、易燃燒。

(2) **海島型木地板**

特性：是一種複合式地板，表面材質使用實木貼皮，底材則
是用三層薄板，採用水平、垂直交互重疊，來穩定底
板結構。此類地板適合臺灣溫濕多雨的海島型氣候，
「海島型木地板」的名稱便由此而來。

優點：防潮、不易變形、環保、擁有實木質感。

缺點：耐磨係數較超耐磨地板低、表面紋路易逐漸模糊。

(3) **超耐磨木地板**

特性：超耐磨木地板是人造的塑合板，類似美耐板，就是所
謂的無塵地板。是木質地板中最穩定的地板，具有色
澤和諧、耐磨、防潮、阻燃等特性。

優點：易清潔保養、耐磨耐刮、拆裝快速、花色多元、防蟲、
環保建材、適合家中有小孩與寵物。

缺點：易變形、不抗潮、踩踏時較容易有浮動感。

(4) 塑膠地板

特性：塑膠地板即 PVC 地板，是一種在歐美及日韓廣受歡迎
的產品，防水、耐磨、易更換，是 PVC 地板的三大特
色。

優點：防水防滑、超強耐磨、安裝施工快捷、維護方便、裝
飾性強。

缺點：底層板材會影響踏感與平整度，用久後有的板材間會
產生縫隙。

» 浴廁

浴室和廁所是必要的生活空間之一，以常見的小家庭格局來
看，三房兩廳二衛或者二房一廳一衛是主流格局。這個「衛」多
半是浴室與廁所合併，但在不同時代，規範的方式不同。

現代人一方面居住都市寸土寸金，要善用坪數應用，二方面
生活型態要求效率，所以比較主流會是乾濕分離式的衛浴空間，
浴室部分以淋浴為主，而較少安放大型浴缸。那種泡澡式的享受
比較適合度假的地方，而非資金有限的家居。

但即便是簡單的乾濕分離、坪數不大的衛浴，重點還是要做
到看起來光鮮亮麗。衛浴的印象感差距也很大，傳統的衛浴給人
的印象就是染垢的磁磚，比較偏老舊的灰白色系。經過專業的裝

修，把地板打掉、馬桶換新，再做個整潔的乾溼分離設計，搭配簡單的腳墊浴簾，花小小的成本就可以讓衛浴「現代化」起來。

» 廚房

有時有機會去所謂的豪宅、別墅或者比較精心規劃的中產階級華廈住宅，我們會發現，房子再怎麼美，基本上臥室、客廳、衛浴的功能都差不多，但往往會讓人眼睛一亮的、覺得很不一樣的，就是廚房了。若將廚房延展結合飯廳乃至於吧檯，變成另一個有飯店度假休閒氛圍的地方，那就會讓人有高檔住居的感覺。

一般我們「麻雀變鳳凰」時，廚房的確也是個重點，特別是廚房若長年使用，肯定牆壁及地板都是油汙，更是必要做基本的翻修。當然這也牽涉到預算，要做整套的流理臺加上中島櫃，恐怕所費不貲。

通常我們施作的方向，還是打掉原本老舊的流理臺，以現代化的設計質感，例如以人工石搭配不鏽鋼的檯面設計，再搭配黑色系的簡單廚具，一眼就看到某種「品味」，讓人愛上廚房也愛上這個物件。

◆ 從堪住到安居

前面我們列舉出四個比較大範圍的修繕項目，包含天花板、地板、浴廁以及廚房，是一般投資人買屋後會碰到可能有狀況，需要投資一筆花費改頭換面的地方。另外有一些較小的狀況，則是屋主自己也可以處理的。

也就是說，如果當初買來的房子沒有什麼大的修繕問題，也沒打算來個「麻雀變鳳凰」大變裝，那麼一些小的修繕部分，屋主可以自己針對單項找工人處理就好。

但即便是單一項目也必須有基本概念，否則若因為太不專業而被坑錢，則只能怪自己太不懂修繕基本常識了。以下列出幾個常見的項目說明：

1. 窗戶問題

常見的有窗戶脫軌無法密合、窗戶玻璃破損、紗窗損壞等，這都屬於一般修繕範圍。再進階一點，若想把整個窗戶換掉，則屬於整體裝潢的一環，需要較多費用。此外，跟窗戶有密切關係的包括是否安裝鐵窗，不安裝擔心小偷，安裝了擔心發生火災時阻礙逃生。這種種的費用，小到幾百元（例如紗窗補洞），大到數萬元都有可能。

　　談到窗戶，基本的裝修可以委請專業工人處理，但如何美化，則需我們自己做決定。主要的選擇就是窗簾，其中上拉式的窗簾較傳統對開簾簡約，可使室內空間感較大。

　　包含以下幾種選擇：

» 傳統布簾

　　一般在客廳會採落地型，白天可以阻擋直射的陽光。

　　優點：遮蔽、遮光性佳、耐用。

» 捲簾

　　具現代感，是一般住家很常用的窗簾種類之一，適合放在一般窗戶。

　　優點：操作便利、具多功能性、價位親民。

» 羅馬簾

　　屬於捲簾類型的布面窗簾。

　　優點：可調節光源、收放方便。

» 百葉簾

　　百葉簾因其材質特性而廣受歡迎，如竹子、木片、玻璃鋼

片、鋁合金片材、塑化片、亞麻布這些材料，還能夠駕馭各種家居風格。

優點：風格簡潔、省空間、機能性佳、遮蔽性好，並且調光效果好。

» 風琴簾（蜂巢簾）

風琴簾是一種布料窗簾，屬於綠建材之一，也有人稱作「蜂巢簾」。

優點：隔熱性與阻音效果佳，不容易沾染灰塵好清潔。

» 調光簾（斑馬簾）

調光簾是以捲簾概念衍生而出的產品，又稱為「斑馬簾」。

優點：遮光和調光效果極佳，不易沾塵、塵蟎且利於清潔。

2. 漏水問題

關於漏水，通常指的不是下雨天需要在室內放盆子、水桶等滴滴答答接水的狀況，若是這種狀況那就情節太嚴重，可能屋子本身太老舊了，根本就不符投資基本效益。

一般漏水問題，主要指的是壁癌，因為長期滲漏水，導致牆壁發霉，有的前任屋主比較會耍心機的，會刻意在賣屋前找人

把牆壁重新漆過。但基本上，有經驗的投資人還是可以很容易判別，這個屋子是否有漏水問題。

通常發生壁癌的牆面都是外牆，也就是被「風吹日曬雨淋」的那面牆，而且通常發生在靠窗戶附近。當然，也有明明不是外牆卻發生壁癌的情形，那就代表水源不是雨水，通常那個牆壁的另一面，多半是鄰居的浴室，且壁癌多半集中在牆壁的下半部。

其實，買到老舊房子就多多少少會碰到壁癌的問題，那是因為以浴室來說，從前的建築物並沒有為浴室施做防水工程的概念，反正浴缸裡的水直接經由排水管排出，並不需要在浴缸的地面多做一層防水。

但有時會因為後來的人入住時改裝成現代化浴室，過程中沒注意到浴室有沒有做防水，便帶來了漏水困擾。不論是其他住戶害我們屋子漏水，或我們的浴室造成其他戶人家漏水，都是大麻煩。

基本的漏水處理，先以抓漏及固本為先。也就是說，有漏水要找到源頭補起來，若尚未漏水，也要做好防護設施。漏水工程牽涉到管理追蹤，對一般民眾比較難搞懂，但對於有經驗的師傅，可能很快就能找到漏水的問題。

至於窗戶的滲漏，則要針對外牆做防水，若牆壁有裂縫，要透過「打針」的方式，將防水材料灌入內牆。

其基本的成本計算，假定浴室重做，包含防水工程，大約 5 至 7 萬元，而外牆的施工成本也在萬元之譜。

3. 水電問題

水、電常常被列在一起講，那是因為這都是房子做為民生用途的兩大基本管線，在最初剛興建建築物時，也早已將相關管線埋入了。後續會發生問題，通常不是水管斷掉或電線走火這類的危機狀況，而往往是新的屋主面對現代生活有了更多需求。

好比屋宅本身可能是老房子，較早年代可能根本沒有太多 3C 用品，不像現代人屋內包括各種電腦相關配線、以及各類新型家電的使用都已是必須，為了因應現代的需求，原本屋宅的插座、線路都可能不堪負荷。

關於用電，另一個關係居住安危的就是必須避免電線走火。較古早的房子是採用保險絲，但到了現代都已換成無熔絲開關。所謂防火設計，關係到電路的迴路負荷量，當超過負荷就會引起電線燒熔的危險，但若配電箱中有無熔絲開關的設計，就會在電量負荷太大時主動關閉。

這類的裝置，一般新屋都會放在電箱內，而若因為重新裝潢或新的規劃用途，需要更多的用電（好比說必須安裝更多冷氣），那麼電箱這邊也會擴充，這也是水電師傅的工作之一。

第七章

讓我們把房子變美吧！

　　房子要自住的話，講求舒服就好，只要基本的修繕完成，讓房子該有的功能都具備好，頂多依自家喜好添購適量家具就好。但若要銷售，可能就要增加賣相了。

　　房子不僅要可以安居，還需要美美的。這樣子，當做銷售議價時，也比較有好的籌碼。

◆ 房子基本的美化：油漆

　　房子的美化，有時候只要做好兩件事就好：打掃清理、全屋油漆。這種情況常見於前屋主比較不愛乾淨，或者因為欠債或種種經濟、感情糾紛，而沒有善待屋況。往往交屋前，整個屋子看起來很不美觀，影響了賣價，但實際上真正處理時，只要稍微清潔加油漆就煥然一新，其差距程度，可能相當於從不及格變成至少七、八十分。

　　如果一間房子光是透過油漆就能大大加分，油漆這件事自然不可馬虎。

　　所謂油漆，依照目的可簡單分成一般居家修繕以及投資專業包裝兩種。前者可能一般住家逢年過節想要來個除舊布新，聘請油漆工或自己購買油漆，捲起袖子粉刷家中牆壁。後者則往往搭配裝潢設計，在屋主一開始外包時就要講清楚，好比說最初規劃的房屋風格要走「北歐風」，後續油漆可能就採白色系。但某些房間可能要規劃成粉色系，這些也都在最早的施工藍圖中，清楚註明油漆的顏色。

　　以材料來看，不論是自家修繕或整體設計修繕，只要使用水泥漆就很夠用，不需要很昂貴的油漆，那種是為了商業用途，例如開餐廳或高級企業商辦使用。

　　目前居家常見的油漆種類大多數為乳膠漆、水泥漆及油性調和漆。

1. 乳膠漆

　　為水性塗料，主要成分是水溶性壓克力樹脂，抗鹼顏料，功能性的乳膠漆還具有輕微抵抗壁癌的能力。

　　優點：防霉、抗菌、耐擦洗，且顏色選擇多，若是經過調色
　　　　　機調色後，最高可高達上千色的選擇，開罐後可以不
　　　　　必稀釋，攪拌均勻就可使用，色彩持久度佳。

　　缺點：塗刷過程耗時耗工，材料價格較貴，防潮性稍差。

2. 水泥漆

　　水泥漆分為水性水泥漆以及油性水泥漆，又因添加的顏料組成，有平光、半平光、亮光三種，通常會用在粉刷室內、室外的水泥牆面。

　　優點：單價便宜，抗候性佳，容易塗刷適合 DIY。

　　缺點：抗菌防霉、耐擦洗的效果較差。

3. 油性調和漆

油性塗料，需要使用香蕉水或松香水作為稀釋劑，主要用在木材、金屬製品的塗刷。

優點：能防止水氣進入，延長被塗刷物的壽命，也較不怕髒。

缺點：味道很刺鼻，乾燥的時間需要較久，施工的難度較高。

小提醒：因油漆（油性調和漆）的稀釋劑具可燃性，調和以及施作時皆要遠離火源。

◆ 房子基本的美化：燈飾

除了油漆外，另一個瞬間讓屋子變得更吸睛的做法，就是透過燈飾。例如當我們一進到客廳，仰頭就有一盞美麗的水晶吊燈，搭配整體的色調氛圍，那在準買方眼中，這房子就會感到很有價值。

在實務上，怎麼安排燈飾還是有學問的，並不是一味採用諸如水晶燈之類的設計就代表最佳，這類設計已經偏向豪華風，但我們整體的風格設計可能偏向柔美的居家風，或帶著休閒舒適感的簡約風，不同的設計風格就要搭配不同的燈飾。

燈的種類有很多，在居家布置上，燈飾已經不只是做到照明或有助閱讀，那只是基本功能，這裡強調的重點是「飾」，至於一般書桌的檯燈、工作室的工作燈或是客廳的落地燈等，則屬於宅裝範圍。

簡單來說，燈飾可以分成「看得到」的，例如前面提到的，人們印象中華麗的代名詞「水晶吊燈」，就是這類的典型。另外有「看不到」的，其典型就是「嵌燈」，我們可以看到好比說客廳有柔光照明，但燈源藏在壁飾裡。

適合怎樣的燈？主要牽涉到房子整體的裝潢風格，例如工業風跟北歐風的設計，燈飾規劃就大不相同。由於燈飾本身學問

也很大，有上千上萬種，就以吊燈來說，就可以分成歐式、中式還有不同造型材質的，諸如罩花燈、羊皮紙燈等等。但除非是自住，否則以一般基本裝修來說，就選取預算範圍以內的燈具，重點是符合整體設計風格的燈。

至於比較隱藏性質的燈，雖說是隱藏看不見的，但實際上當然還是看得見，只是燈源巧妙融入整體裝潢中，常見的包含壁燈、筒燈、射燈等等。

此外，燈飾常和鏡子搭配布置，鏡子的種類主要有三種：

明鏡：最常運用的鏡子，價格最便宜。

茶鏡：反射光澤溫暖，適合搭配木質裝潢。

黑鏡：色澤冷冽，適合局部用於現代空間。

◆ 房子裝潢與宅裝的風格

提起房子裝潢，基本上就是把一個水泥空屋變成宜家空間的意思，包含裝潢及宅裝兩個部分。

前者可以讓一個空間變美，但不一定實用，畢竟原本建築物的設計，已經把基本實用面，也就是遮風避雨含括了，裝潢則是讓空間整體美化，讓視覺舒服，想要住進來。

後者，則通常植基於裝潢的前提下，把「軟件」置入，所謂軟件，也就是「可被搬運的物件」，亦即家具或者裝飾品。基本上是搭配裝潢風格，例如裝潢採取北歐風，那麼家具搭配也會是北歐風。

但也有可能屋子本身不需要裝潢，就直接宅裝的。好比一般家庭自用，可能貸款買了一間公寓，有著基本白牆地磚，自家人住舒適就好，那麼便不需要任何裝潢，只需把各種家具搬進來就變成家了。當然，嚴格來說這稱不上宅裝，而只是單純的搬家。真正的宅裝是帶著「刻意」的設計，主要是透過添購家具，讓空間產生全然不同的感覺。

一般裝潢及宅裝有哪些風格呢？真要詳細介紹的話有很多種，以下僅列出最常見的幾種：

1. 工業風

工業風的特色，顧名思義就是工業的感覺。工業的感覺是什麼呢？那就迎合現代人講求效率，講求結合電腦或者文明拓展的趨勢，讓空間有種酷酷的感覺。

當然，以住家來講，採用的多半是輕工業風，只有商業空間，例如開餐廳或民宿，才會採用比較重的視覺感。

工業風的特色：

» 電線刻意裸露

例如仰頭看天花板，一些線路就刻意展現在面前，但經過裝潢，還是會有某種協調的秩序，基本上還需要搭配適當的燈飾。

» 水泥牆

在工業風裡，牆壁刻意做成原始水泥牆，也就是灰撲撲的感覺。但並不真的是那種沒特色的水泥，而是刻意上漆，並加入後製清水膜的牆，也可以說是「偽牆」，甚至還刻意露出一些紅磚。

» 搭配文化石

所謂文化石，並不是真的石頭，雖然也有少數天然的文化

石，但那比較貴。一般用的是人造文化石，其由矽鈣、樹脂等製成，不但有美化空間的效果，並且現代的文化石也具備消臭、排濕、去菌等多樣功能。

» 帶點金屬感

提起工業風，當然要有金屬。實務上，金屬包括不鏽鋼或其他銅、鐵等材質，除了用在隔間或純裝飾上，往往也須搭配宅裝部分，例如鐵製的櫥櫃、置物架等。

此外，搭配木質、皮革等家具，如皮沙發，甚至貨櫃也是常見的元素，被認定是屬於工業風的設計之一。

2. 北歐風

北歐風，也是一看名字就可以讓人立刻聯想到那種意境，感覺很優雅的裝潢風格。

在地理上，北歐國家包括瑞典（也就是知名家具品牌 IKEA 的總部）、挪威、芬蘭等，這些國家的人民較喜歡親近大自然，心境上也比較悠閒與世無爭，生活的風格追求「簡單」。而北歐國家的另一個特色，就是日照時間短，也因此他們很珍惜「明亮」的感覺。

總體來說，北歐風有兩個特色，就是「簡單」與「明亮」，色系偏好白色，材質偏好木材，因而有另一個稱法叫做「簡約風」。但由於有其他裝潢風格，例如無印風、鄉村風，也都含有簡約的元素，因此與設計師溝通時，還是稱為「北歐風」比較好了解。

所謂簡單並不是簡陋的意思，反倒如何從簡單中見到美感，這便是一門學問，這也就是為何必須搭配專業設計師，因為一般的裝修發包，絕對無法抓到真正的簡約美感。

北歐風的特色包含：

» 看到木質的美感

可以清楚的看到木紋（而不只是木作），居家可以感受到「大自然」，甚至聞到森林的味道，但又不是全部小木屋的概念，簡約中反倒很有現代感，就算融入高科技也沒有違和感，簡單講就是自然與現代融合的典範。

» 簡單的布置

相對於東方家庭經常喜歡把空間「填滿」，北歐風強調的就是簡單。這不僅僅是視覺上，也包括實用上。所謂視覺就是放眼看去不會雜亂、空間清爽，有著大量的空間。而實用方面就是

說，就算哪天要搬家也不會是大工程，可能大部分的家具都是適合移動的，這就是簡單又便捷的設計。

» 善用白色與自然光

北歐風的一個設計重點，就是盡量讓自然光進來。當然，相對於歐美國家比較地廣人稀，在臺灣比較無法做到這樣。但抓住北歐風的精神，就是在設計上盡量融入明亮的感覺。對設計師還有一大考驗，就是如何將燈源融入簡約中，帶來空間柔和明亮，但燈飾本身又不會太搶眼。

» 使用設計感的商品

一間完全北歐風的建物，雖說布置「簡單」，但這可不代表價格也簡單。可能一個看似簡約的沙發，其價格卻是普通沙發的好幾倍。其實，如同 IKEA 風靡全球，其所傳達的設計感就是北歐風的設計感。從進門起的一桌一椅一几，乃至於桌上的杯子與水壺，都要精心找到相當具備設計感的。當然並非有設計感就代表價格高昂，前提是眼光要精準，可能找到簡單的手作就能融入空間，這都需要懂設計的基本美感。

3. 鄉村風

所謂鄉村風，這裡指的並不是東方的鄉村，也不是任何國家的鄉村，毋寧說，鄉村風比較偏向有錢有閒階級的「鄉村別墅」感，其與古老、農具無關，而比較與「鄉村風情」有關。

在歷史上，很早以前就有「鄉村風」的名詞，也因此鄉村風還可以區分為英式風格、美式風格、南歐風格等等。但共通的特色就是廣泛應用與大自然聯想的材料，包含原木、石材、磚造設計，雖然在臺灣不太需要煙囪，但只要假想這樣的空間裡，有種外出打獵後回家舒適躺在火爐邊的感覺，那就是鄉村風可以帶來的感覺。

» 善用木材與原木的結合

要擁有鄉村的氣氛，但又其實是都市的堅固，所以基本上「木」的元素可能會使用貼上木紋的壁紙等，而不是真正使用木材。另外，在鄉村風會大量應用到文化石這樣的素材。

» 帶點陽光奔放

鄉村風看起來舒適柔和，但和北歐風對比起來，正好就是一冷一熱的感覺。北歐風很簡約、冷線條，鄉村風則是處處充滿「溫暖」的元素，可以感受到一種人情味，桌子布置也可以令人

想像到，萬聖節時會擺滿一桌豐盛菜餚的感覺。

　　當然，「溫度」是很抽象的術語，怎樣布置才會有溫度？這也不是買些木製家具隨意擺放就好，自然需要專業設計師的規劃才能做到。

» 有鄉村的元素

　　既然叫做鄉村風，當然不只是接近大自然而已（否則就叫大自然風就好），而是真正要有一些鄉村元素，其中最具體的就是「植物」了。因此鄉村風的設計，經常會點綴著花花草草，但又不是現代化的那種插花（那是屬於日式風格），也許是麥穗、桌布上有編織花紋等等，融入鄉村元素，讓人感受到陽光、清新、溫暖。

　　從以上的形容就可以感受到，真正要布置鄉村風並不如想像中簡單，也因此在裝潢設計上，這不是常見的選項，一方面設計難度高，二方面預算也比較高。以預算來看，若屋子要基本宅裝再出售，採取北歐風、無印風或工業風，會是比較推薦的選項，費用上比較可控制，鄉村風和現代風則花費會比較多。

4. 無印風

跟北歐風很像，無印風強調的也是「自然簡約」。

事實上，除非是購買較大的自住屋宅，花大筆預算做裝潢，否則一般我們投資置產，在「麻雀變鳳凰」的過程中，比較會選擇局部裝潢，並且也沒有那麼嚴格一定是什麼風格。這時候，無印風和北歐風就經常會混搭著一起設計。

簡單來區別，如果說北歐風就是北歐的簡約感，無印風就比較偏向日式的簡約感。無印風源自於日本，設計上會融入很多東方元素，包括和諧、簡樸，也包括自然。儘管北歐風、鄉村風、無印風都強調崇尚自然，但呈現方式都不一樣。比較上，無印風的自然比較是「天人合一」的自然，而非北歐風的原始大自然，或鄉村風的田野大自然。

5. 現代風

最後，來簡單介紹一下現代風。

光從名稱來看就很「抽象」，相信很多人都說自己不懂「現代畫」，相應來說，也不懂什麼叫做「現代風」。

實務上，如同前面說過的，在臺灣，我們設計一個家居時，並不一定會那麼嚴格要配合不同風格的元素，比較可能是「部分結合」現代風，其他部分則是其他風格。

現代風的一些特色：

» 黑白色系

主色是黑、白、灰，包括空間配色以及搭配家具，都結合這樣的色系。

» 簡單俐落

「簡單」二字在許多風格都有出現，但意思卻不一樣。在北歐風，簡單指的是「簡單的生活」；但在現代風，指的則是「乾淨俐落」的概念。想像中，前者像是一個悠遊度假的心情，後者則偏向都會時尚那種簡潔有型。

» 重視空間明亮

相對於北歐風、鄉村風的木材石材為主，現代風比較會用的材料是金屬與玻璃。

以上簡單介紹幾種常見的裝潢風格，實務上還是要搭配專業設計師，經過充分溝通，並參考不同的家居布置圖鑑，在預算範圍內做出最適合「麻雀變鳳凰」的設計。

第八章

自住出售兩相宜

　　在認識了簡單的修繕裝潢概念後，本書最主要的目的還是希望讀者可以對整個裝潢流程有個了解，如此就可以好好跟裝潢師傅溝通，也不擔心被當成什麼都不懂的凱子。

　　實務上，我們不太可能自己親手 DIY，除了小面積的油漆外，該花的錢還是不能省。否則有時候會為了省一點工錢，最後反倒花費更多。

　　最終，房子以不錯的價格買到手，該修繕、該整理的地方也整理了，接著要做一個抉擇：是否要宅裝？若要宅裝，哪些空間需要宅裝？

　　若要專業宅裝，通常在最初找設計兼工程統包時，就要規劃好，因為幾乎每個裝潢都牽涉到木作、泥作，好比說若一開始就決定要設計成工業風，那麼在空間安排以及牆壁處理上，就要事先安排相關流程。

　　如果預算真的有限，也可以自己參考各種家居布置雜誌，

不必完全採用「ＸＸ」風，也許善於挑貨的人，就算去二手家具賣場採買不同桌椅，東搭西搭也可以創造出居家舒適的感覺。最終，只要可以帶給房屋觀感加分，促進買氣，裝潢也沒有嚴格的規定。

　　總之，假定我們要投資轉售，在正式出售前，再來檢核一下我們這間房子。

◆ 裝潢與宅裝的注意事項

　　提起裝潢，有一件事要特別和讀者強調的，那就是裝潢沒有通則，就好比我們沒辦法說哪個藝術品是絕對的美或醜，美感是相當主觀的，本就因人而異。裝潢這件事也一樣沒有通則，可能十個設計師有十種做法。本書談的都只是基本的概念，但沒有規定工業風「百分之百」一定要怎樣，北歐風又一定得怎樣。實務上的居家設計，反倒最常出現的是混搭風，也就是客廳是一種風格，臥房又是另一種，就算客廳屬於某種風格，也會依照每個人的喜好或設計師的風格而有某些調整。

　　儘管如此，依然有些身為投資人必須要懂的裝潢通則：

1. 色彩學

　　基本上每種設計風格都有主力的顏色，例如工業風是黑、白、灰，北歐風是白色及輕暖色系。但也不是整個一體都要採用這樣的顏色，就算是工業風，若全部都是黑、白、灰，住家整體看來也太死氣沉沉，此時反倒常會選擇一個較亮的主色，例如搭配一張藍色的沙發，或是紅色的大櫃子等等。

　　關於色彩學有一個主要原則，那就是同一個空間內，不要有兩個以上的主題色（黑、灰、白除外），如果出現兩種主題色，

空間就會變得比較亂。如果只是在原本的灰階中加入一點藍，變成灰藍，那並不算搶色，若採取鮮豔的亮藍色，那才是主色。

2. 物件搭配

每種風格都沒有絕對百分百的定論，畢竟居住的人心是活的，我們可以彈性運用。只有「建議」事項，而就算一個空間只有 60％的工業風感，只要居住者喜歡，也沒有所謂的對錯。

基本上，所謂的「風格」必備以下四大元素：燈、主題牆、軟件搭配、地板。

也就是說，如果可以選擇，當你決定要採用工業風時，就盡量搭配工業風的燈，以及工業風的主題牆、軟件和地板。

其中軟件特別重要，當搭配適當的家具時，往往整個空間就會顯出一種獨特的風格出來。這方面是可以取巧的，特別是當我們購屋的主要目的是投資轉手時，儘管基本的品質要顧，但也不需要做到十全十美，那樣太耗成本。在實務上：

» 加分少的項目不做

例如製作櫃子需要一定成本，但不一定能讓空間感加太多分，那麼這就並非裝潢的主力項目。

》一致性比砸重金重要

與其購買一個很名貴的家具，寄望讓未來買方進屋後眼睛一亮，不如節省成本，但盡量營造整體一致的風格，讓人一路賞屋下去，有種內心的協調感比較重要。

》裝潢主力放在公領域

房子一般都有公領域和私領域，例如客廳、廚房等算是公領域，房間就是私領域。做為銷售時，客廳往往是買方的第一眼印象，同時也是將來屋主招待客人來家裡時主要的聚會場地，因此最好將裝潢的重點擺在客廳。

實務上，我們以投資為主力，在做裝潢時，會整間屋子一併考量。但宅裝部分則只聚焦在客廳，頂多選擇主臥房做相關風格搭配。比較不會費心將整間屋子都進行宅裝，畢竟將來承接屋子的人，也不見得希望每個房間都已經事先安裝了家具，或多或少都會想要有自己的選購權。

》別忘了投報率

房子居住，以安全及舒適兩項原則擺第一，只要符合這兩個要求就可以銷售了。作為投資方，若預算足夠，可以將房子做適當的裝潢，但大原則別忘了，投資還是要獲利；若預算有限，首

先可以免掉宅裝，預算若更少，甚至連裝潢風格也不是必要的。

要將資金花在必要的修繕上，若房子必須改變格局，這類的費用也不能省。就算要裝潢也有可以取捨的，基本上，泥作部分不可省，但木作部分主要是裝飾性質，就有可能有取代的空間。總之，宜居第一，美化其次。

3. 其他注意事項

有一些小訣竅，可以用小錢創造出額外的效果，例如透過鏡子讓空間感變大，或者適當結合原本屋子的採光，創造出美麗的空間印象。

以下是設計師常用的種種「魔術」方法：

» 小布置大效果的建議

1. 選對材質，善用鏡面，放大視覺感。

2. 家具類、軟裝類如窗簾、抱枕等，最好與牆的顏色相近，因為同類色彩可以擴大空間感。相較於暖色調，冷色調的家居可以使房間看起來更加清爽簡潔，更適合小空間。

3. 沙發、扶手椅等家具，盡量選用有腳的，可以創造出光線和空間感。

4. 空間的主色調選用淺色或中性色，這樣空間看起來會更寬敞。

5. 牆壁上掛鏡子，鏡面可以使空間看起來更大。

6. 不遮擋窗戶，小空間更有層次感。

7. 條紋地板能讓房間看起來更有縱深感。

8. 大件的裝飾畫反而能讓房間顯大。

9. 小空間可以採用多個光源，一個吊頂燈容易把視線都集中到一個點上。

10. 本就小的空間不要塞得滿滿的，留點空白才不會顯得擁擠。

11. 窗簾的選擇最好與牆面顏色一致，因為同色系會讓空間顯大。另外，掛輕薄的紗簾也是很好的選擇。

» 各類宅裝加分注意事項

1. 不要為了擺飾而擺飾，也就是不要因為手中有哪些物品，就一定想把每一件物品都放上去。太多東西反而讓空間顯得雜亂，不要布置到全滿，適當的留白會讓整體空間印象來得更好。

2. 選擇恰當的家具與家飾尺寸。當採購家具時，就算是二手家具，也要事先丈量。最好能先在家裡預計要擺放的

空間用皮尺量過後，到賣場實地再丈量比對，是否該家具可以在家中擺放。

3. 植栽或花藝要與空間風格相符，並且要有質感。什麼叫「風格相符」？這可能需要經驗，可以問一下設計師朋友，若是自行採購布置，那麼也可以邀約朋友來看看擺放的感覺。所謂植栽或花藝，不是有植物放著最代表美感，別以為隨便去花市買個盆栽來家中放，就會讓整體「有氣質」。平常還是可以多翻閱相關設計雜誌，找尋喜歡的布置範例。

4. 軟件擺放要有適當的層次感。什麼是層次感？簡單來說就是一種看了舒服的秩序感。很多時候，明明都是用同樣的家具，但不同的擺放方式，感覺也會差很多。就算是買高檔的設計家具及擺飾，若是任意的凌亂擺放，只會帶來視覺的違和感，白白浪費了原本的設計商品。

5. 盡量將空間收到只剩三個主要的顏色。除非是開餐廳，並且是那種風格很強烈的店，好比說是 PUB 之類的，否則以一般居家來說，空間還是不要太「萬紫千紅」。以顏色來說，就是結合原本設計的風格，適當安排主色及副色。

» 各類宅裝扣分事項

1. 色彩過多，給人一種喘不過氣的感覺。雖然很多時候我們可以藉由各色的裝飾來豐富空間，但是凡事都有度，過度的色彩和裝飾物，往往會讓空間顯得擁擠不堪。

2. 布置越多越是雜亂，要展示、要裝飾都可以，但是要能夠取捨合理，不能一股腦兒全部拿來裝飾空間，要適當的留白。

3. 不要硬塞大小不適的家具，太小的家具會使家居空間顯得不平衡，相反如果家具過大，也會讓空間感到侷促。

4. 不要挑選不合適的窗簾和配件而擋住自然光。

5. 在房間色系還沒有確定時，不要先挑選家具。

6. 所有家具都沿著牆面擺放會顯得比較死板，而且容易顯得空間空洞蕭條，沒有什麼突出的特點。

» 各類宅裝適用布置原則

1. **統一性**：各種材質的款式、色彩、質地，要統一基調。

2. **協調性**：室內各種物體給人視覺的感受，總體上應是協調的、穩定的。

3. **平衡穩定性**：居家飾品不一定要對稱布置，把握平衡感。

4. **對稱性**：基本對稱的基礎上，局部可以不對稱，在布局
   體現動感，不至於太呆板。

5. **節律性**：有規律的變化，如反覆和層次，會給人流動感
   和活力感。

6. **視覺中心**：在一個區域和範圍內，視覺上要有一個中
   心，這一原則可使每處保持一個亮點，而軟裝裝飾的總
   體風格也易於把握。

◆ 關於宅裝的一些基本常識

宅裝，基本上依照個人預算，第一優先是配合設計師的專業建議，將整個宅裝結合整體裝潢預算一起處理。若預算比較緊，可以選擇自己採購，以下介紹一些基本的宅裝知識。

1. 沙發

如果所謂的宅裝不包含沙發，根本就不算是宅裝，因為當準買方進到客廳時若少了沙發，客廳就不像客廳了。

唯一的特例就是房子本身已經改裝隔間成許多單一套房，做為出租給學生用，那樣的情況下，若公共空間很有限，可能就以其他簡單的桌椅代替（有可能交誼廳兼茶水間）。

除此之外，基本上，所謂客廳，主角就是要有一組沙發。沙發種類分為以下幾種：

» 布沙發

主要材質以棉、麻、毛等為主，材質豐富多變，顏色多元，挑選更多樣化，布沙發給人的外觀感覺比較溫暖且溫馨。

» 皮沙發

(1) **合成皮革**：稱為人工皮革或乙烯基皮革、軟皮革等。

(2) **天然皮革**：多使用牛革，觸感絕佳質感潤澤，極具高級感的
材質，使用天然皮革部分多有柔和的感覺，質地獨特。

2. 茶几

　　茶几也是妝點空間很重要的一種家具，其可以多樣用途，正
常的茶几就是客廳裡做為會客放茶的地方，所以叫茶几。平常時
也可以很方便的擺放各種東西、暫置物品或者簡單的作業場所。
在裝潢剛完成時，茶几上若能搭配一些美麗的擺飾，將會成為吸
引客人的焦點。茶几種類：

» 木質茶几

　　木質茶几帶有原木的光澤，往往能給人溫和的感覺，是消費
者比較喜愛的產品。

» 玻璃茶几

　　有的搭配墊子，或者直接就是透明感覺，結合現代風裝潢設
計，感覺也不錯。通常茶几下面會擺些時尚或生活品味雜誌，讓
空間更有「氣質」。

3. 完美的宅裝包含的必要元件以及參考元件

» 家具

如沙發、茶几、床、餐桌、餐椅、書櫃、衣櫃、電視櫃等。

» 飾品

一般為擺件和掛件，包括工藝品擺件、陶瓷擺件、銅製擺件、鐵藝擺件、掛畫、插畫、照片牆、相框、漆畫、壁畫、裝飾畫、油畫等。

» 燈飾

包括吊燈、立燈、檯燈、壁燈、射燈。

» 布藝織物

包括窗簾、床上用品、地毯、桌布、桌旗、靠墊等。

» 花藝及綠化造景

包括裝飾花藝、鮮花、乾花、花盆、藝術插花、綠化植物、盆景園藝、水景等。

4. 裝潢的基本預算搭配

雖然裝潢有各式各樣的組合，就算同一種風格，甚至選在一樣坪數、一樣格局的空間裝潢，也可能呈現不同的感覺。但最終對投資人來說，是否有足夠的預算還是規劃的大前提。

當然，有些項目是非修不可，那樣的狀況，就算去借錢也得把問題處理好。但排除這些特例，正常的情況是，手中有多少預算做多少事。這裡簡單列舉，依照三種預算規劃的參考套餐。

» 預算 30 萬元

大致上可以施作的項目有拆除、衛浴設備、燈具、拉門、臥室門片、電視牆、油漆、窗簾、地板、廚具、宅妝、清潔。

» 預算 50 萬元

拆除、浴室翻新、衛浴設備、燈具、輕隔間、天花板、臥室門片、電視牆、油漆、窗簾、地板、廚具、宅妝、清潔。

» 預算 80 萬元

拆除、浴室翻新 *2、衛浴設備、燈具、陽臺隔間、陽臺門、石膏磚隔間、天花板、間照、臥室門片、電視牆、油漆、窗簾、地板、廚具、宅妝、清潔。

Part 3

投資案例篇

藉由我們投資團隊的實務經驗
—— 認識各種投資及裝潢的注意事項

STORY 1

逢低買進，獲利可期──學區華廈

物件型式：公寓大廈
格　局：2房2廳2衛
坪　數：28.63坪
買　價：231萬
賣　價：478萬

··· 故事背景

　　身為新竹人，我們都知道三民學區算是一個標準的都市蛋黃區，生活機能方便，靠近明星學校，也鄰近百貨公司。但對投資人來說，要買這一帶的物件，要考量的有兩點：第一、房價應該不便宜，第二、是否有抗性？

　　這是一個住戶單純的社區，我們位在非頂樓的某一層樓。這個物件有兩個明顯的缺點，以周邊環境來說，附近就是果菜市場，半夜有人批貨，可能會擾人安眠；至於房子本身也是有採光問題，由於興建的年代較早，當時本來是獨棟建築，但隨著周邊陸續興建高樓，把這棟樓左右包圍，原本的兩邊陽臺也完全被擋住，總之，室內採光明顯不足。

　　我們問過仲介以及投資朋友，十個有八個都建議我們不要買，覺得這不是一個好物件。當時我們認為先看看價格再說，於是透過仲介，賣方開價 350 萬元，那一年還沒有實價登錄制度，說實話也沒有一個參考值，我們就回覆出價 230 萬元，沒想到賣方後來也沒有太多折衝，最終我們僅再加價 1 萬元就買到了。

　　事後，我們看到賣方過往的買賣契約書，發現屋主之前竟是以 440 萬元購入，結果竟然願意用 231 萬元成交。也因為低於市價比較多，因此後續我們的獲利空間就比較大。

🏠 麻雀變鳳凰

　　這個物件本身最明顯的問題就是採光，因此，我們「麻雀變鳳凰」的重點，就是要設法「找到光」。

　　既然大樓本身已被左右高樓包圍，這件事無法改變，尋覓光的源頭，只能從前後端下手。如圖所示：

- 房子後端原本是廚房，但相較之下，廚房比較不需要良好的採光，房間才需要採光。於是第一個改變就是把原本的廚房移走，隔間改為獨立房間。

- 這屋子本來有陽臺，但既已被大樓遮住，已失去原本光源，倒不如把陽臺的空間改作他途，於是我們就把廚房移來此處。

- 既然採光是這棟房子的缺點，那麼，除了增設一個靠窗的房間外，內裡包含客廳及其他房間則藉由燈光美化設計，讓人造光營造出屋內的明亮感。

- 經過以上的變動，房子的格局不同了，連房型定位都不同了。原本是兩房兩廳兩衛的格局，現在變成是三房兩廳兩衛。

投報分析

當初買這間房子時，附近並沒有實價登錄可參考。至於賣屋，我們則去參考周邊三房兩廳大廈物件的行情。發現附近基本價格都在 440 萬至 460 萬元之間，也就是原屋主當初買的價格，由於我們將房子重新整裝過，已經麻雀變鳳凰，我們就站在周邊房價基礎上，把附加價值 100 萬元加上去，對外開價 568 萬元，底價則是 400 多萬元，最終，這個物件以 478 萬元售出。

	房屋買價	維修成本	宅裝成本	其他	TOTAL
購屋成本	231 萬	49 萬		5 萬	285 萬
		* 隔間 * 燈光規劃		佣金及稅務等	

	自備款	維修成本	宅裝成本	其他	TOTAL
實際購屋成本	46 萬	49 萬		5 萬	100 萬
	貸款八成	* 隔間 * 燈光規劃		佣金及稅務等	

註：因很快就賣出，沒有利息成本。

交易利潤	房屋賣價	減	購屋成本	TOTAL
	478 萬		285 萬	193 萬

註：為了方便講解說明，本書案例所顯示的金額，除了房屋買賣本身交易價格外，

其他含仲介費、代書費、稅捐及各種行政作業費，所列的都是大致數字，若沒列出，則代表直接合在買賣價金中。裝潢宅裝的費用也大致以整數陳述，以下全書皆同。

投報分析	交易利潤	除以	實際購屋成本	TOTAL
	193 萬		100 萬	193%

🔍 重點解析

本案有幾個重點分享：

· 買低賣高的哲學

大家都知道，做生意要買低賣高，房地產投資也是如此。以本案來說，不只是賺差價的概念，而是「倍數」獲利的概念。

» 獲利率參考值（數字都是概括設定）：

銀行定存：1%～3%

投資績優股票：5～10%

貿易銷售：10～20%

基金外匯高手：30～50%

成功企業家：50～100%（也就是賺到本金一倍）

本物件投報率近乎200%，那是很高的投報率。事實上，若是搭配貸款，例如取得更好的貸款條件，投報率還會更高。

本物件的買低賣高重點：

※ 買低

一開始就取得比市價低很多的物件。

※ 賣高

(1) 改變物件定義

原本買屋時是兩房兩廳兩衛，賣屋時已經是三房兩廳兩衛。這是增加一個檔次的概念，將自己由市場提升一個位階。

(2) 去除缺點，麻雀變鳳凰

這個物件先天的缺點就是採光問題，但經過我們的設計巧思，我們有了採光的房間，以及整體明亮的室內。

「賣相」大不同。

・ 為何有人低價賣屋？

基本上，這樣的事可遇而不可求，但還是有辦法可以提升遇到好案子的機率，其方法有二：

» 和仲介培養長期合作關係

當我們可以和仲介成為朋友，那麼有好的案件，對方就會第一個通知你。

» 次數多機會多

當我們願意投入房地產投資學習領域，透過自己親自投資或

與朋友合資專案，接觸的案例多了，其中自然也會有這類可以低價買進的物件。

　　但為何有人願意低價賣屋呢？常見的情況，有兩種極端：

» 賣方有財務問題，或其他必須把房子脫手換現金的壓力：

(1) 積欠大筆債務（卡債、賭債）。

(2) 生意上需要資金周轉。

(3) 夫妻離婚，需要處置財產。

(4) 其他資金問題。

» 賣方財力雄厚，或者房屋對他來講只是「額外」資產：

(1) 手中資產太多，不缺錢，反倒覺得管理麻煩。

(2) 企業家重整財務，分配投資比例，想把舊屋處理掉。

(3) 繼承遺產，但本身已有屋子，不需要額外房子。

(4) 因地理因素，覺得這個資產處理掉比較好。

　　以本案例來說，原屋主是個事業主力在海外的國際企業家，他的大部分資產都在海外，位在臺灣新竹的這個資產，經評估後想儘速處理掉。

・ 關於抗性

所謂具備抗性，是指沒有各種「地理」或民間上的忌諱，沒有嫌惡設施等等。這些嫌惡設施，現在政府也都規定在一般不動產說明書上必須納入相關資訊。基本上，以物件所在地周邊半徑300公尺範圍，只要有飛機場、變電所、高壓電塔、墓地、加油站、寺廟、殯儀館、火化場與納骨塔、垃圾場、瓦斯行、葬儀社等，甚至傳統市場、超級市場、學校、警察局、行政機關、體育場、醫院等都是不具備抗性的。

但並非不具抗性就不能買，所謂「情人眼裡出西施」、「環肥燕瘦各有所好」，這些適用在感情追求的詞語，也適用在房地產。實務上，包含凶宅、墓地、醫院也都有人不排斥。更何況，本案的嫌惡設施果菜市場，相較來說情節並不嚴重。後來我們很快找到的買方，他們不但不會擔心市場吵，事實上，他們就是因為「喜歡」傳統市場，才特意買這裡的。

結果當初朋友們因為這個物件採光不好，加上周邊有嫌惡設施，大部分都持反對立場，最終反倒是我們所有投資物件中，報酬率很高的案例。

STORY 2

回復機能，找回商機──市中心公寓

物件型式：兩層樓

格　　局：每層三房兩廳

買　　價：540 萬

賣　　價：680 萬

💬 故事背景

　　市中心公寓許多時候，一間屋子賣相不好，原因有兩個，一個是外在環境問題，一個就是屋子本身問題。關於屋子本身的問題，也就是我們投資買屋時最喜歡切入的點，因為經常「問題看起來越大，商機也就越大」。而若是屋子本身問題不大，純粹就是賣方開價夠低，那就是最好的狀況，例如前面案例一就是如此。

　　以本案例來說，其外在條件其實很優，相對來說，如果將屋子本身的問題排除，那麼甚至不需要「麻雀變鳳凰」，光是讓它「還我本來樣貌」，就足以讓賣價提高。這間屋子本身其實也沒什麼大問題，主要就是房子老舊，沒電梯，加上原本是家族家產，有些格局需要修改，這個物件最大的問題就是五樓沒陽臺，除此之外，一切都還好。

　　這個物件位在正市區、大遠百商圈，離新竹最熱鬧的城隍廟也近，走路大約八分鐘內就到。屋子本身是個老公寓，產權本來是一起的，後來因為家族分家產，所以要把整棟公寓處理掉。我們四、五樓一起買，而且兩層樓都有各自的權狀。商談下來的價格，平均一坪 11 萬元成交，總價 540 萬元。

🏠 麻雀變鳳凰

要如何為這個物件加分呢？三大問題中，其中兩個可解，另一個無解。

可解的兩個問題，一個是五樓沒有陽臺，一個是房子本身老舊。無解的問題，就是這裡沒有電梯，可能在銷售時會阻隔掉部分族群，如家中有長者的，但大致上這問題不大，因為有個更大的優勢整個抵消這劣勢，那個優勢就是這裡的地段實在太好了。

最終我們就來「麻雀變鳳凰」作業，五樓陽臺必須重新打通，這是比較大的工程，此外，兩間屋子的內裡也必須整個裝潢。在規劃上，我們特地把兩層樓分別做不同設計，如此，可能有人不喜歡某層樓的設計，但喜歡另一層樓的設計，這樣就多一種選擇，可以增進成交率。

而這兩間房子在裝修完成後，也在很短的時間內就分別成交兩戶買家。畢竟我們是位在新竹市中心，全新整理亮麗溫馨的三房，售價卻只要 300 多萬元，相較來說，周邊房子有的都超過 600 萬元，可以快速成交是理所當然的。

這間屋子投資的重點不在高獲利，而在快速獲利。因為我們預期可以快速成交，也肯定會有一定的報酬率。

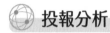 投報分析

購屋成本	房屋買價	維修成本	宅裝成本	其他	TOTAL
	540 萬	60 萬			600 萬

實際購屋成本	自備款	維修成本	宅裝成本	其他	TOTAL
	80 萬	60 萬			140 萬

交易利潤	房屋賣價	減	購屋成本	TOTAL
	680 萬		600 萬	80 萬

投報分析	交易利潤	除以	實際購屋成本	TOTAL
	80 萬		140 萬	57%

🔍 重點解析

本案有幾個重點分享：

・　地點決定 70%以上的勝率：蛋黃區是優選

以投資房地產來說，幾乎可以說，地點對了大致上投資就穩賺了。除非一開始就買價太高，否則依照本書所強調的，選到本身屋況有點問題、但價格可以因此壓低的房子，只要經過適度的修繕整理，相信後市可期。以本案例來說，甚至就算很老舊、沒陽臺，也依然可以快速轉手。

但什麼叫做地點好呢？主要會鼓勵投資人聚焦在蛋黃區。

基本上只要是位在蛋黃區，有兩種情況，第一，就是價格太高買不起；第二，若買得起，且買價低於周邊行情，那就代表一定有不錯的投報率。針對未來的市場，不論是要轉售或是出租都有優勢。特別以租屋市場來說，蛋黃區和蛋白區差別是很大的。

也就是說，如果因為資金有限，眼前有兩個選項，一個是位在蛋黃區、坪數比較小、條件也比較不好的房子，另一個是位在比較郊區，房子相對較大屋況也較好，實務上還是選擇前者為優。我們可以想想，假定對一個學生或上班族來說，他寧願租下交通方便但屋子看來沒那麼好的鬧區房子，也不太會跑到郊區租

看起來大些，但早上要更早起床趕上學上班的房子。

什麼是蛋黃區呢？這雖然沒有百分百明確的定義，好比一定要符合哪些條件才叫蛋黃區，但以我們長期投資房地產的豐富經驗來說：

1.　位於一個城市中比較繁華的地區；

2.　附近有大的商業中心。以新竹市來說，包含城隍廟商圈、大遠百商圈，都符合這樣標準。

除非是特殊狀況，例如後來才發現是凶宅，否則手中資金足夠，還是以蛋黃區為第一選擇。

·　買老屋的好處

如前所述，地點的重要性甚至還大過屋況的好壞。

而在都市裡，若有房子比較老舊，好比說屋齡已經超過四十年了，投資這種房子，也有一定的優勢。

為什麼呢？很多人會質疑，都已經是老房子了，感覺上會不會比較沒價值？會擔心屋子老舊，是有個迷思，以為房子舊了就會崩塌，但房屋哪有那麼脆弱？除非過程沒維護好，完全讓它經歷歲月摧殘變成廢墟，否則連一些百年以上歷史的古蹟建築，到今天也都還卓然挺立，更別說一般現代化鋼筋水泥的樓房了。

在都市蛋黃區買到老屋有兩個好處，一個是立即的好處，一

個是潛在的好處。立即的好處就是殺價空間大，幾乎各大都市都是如此，尤其臺北市更加明顯，新竹市也有這種現象，那就是老屋的銷售價格比較好談。

由於這些區域當年的房屋持有，原屋主可能幾十萬元就買到了，經過了這幾十年，臺灣經濟突飛猛進，他們的房子也增值許多，以臺北來說，可能增值超過千萬元，以新竹市來說也是增值幾百萬元，當原本只付出幾十萬元，後來增值那麼多了，自然在轉售時要殺價也比較容易，畢竟都已經賺很多了，不會太斤斤計較買方要降個幾十萬元。

即便如此，買方還是要跟賣方強調屋子老舊，以此為理由殺價，幾乎沒有談不成的。

至於潛在的好處是，這樣的老屋若是屬於一整塊的社區，例如幾十年前興建的眷村或老舊國宅，為了配合都市發展，建設公司可能會以開發整片土地為由，來執行都市更新計畫。當遇到這樣的時候，你的房子一定被列入都更。除了可以以老屋換取未來的新屋，享有「舊換新」的種種福利（如可能坪數增加）外，更直接讓自己的屋子投入經濟成長的熱區。

如果有機會，剛好知道這類的專案在進行，我們的房子也已經買到手了，就可以不急著售屋，而是靜待兩、三年都更的來臨。至於這段期間，既然我們買的是蛋黃區，那就肯定不用擔心

房子租不出去，不但能以租金養房貸，還可以有剩餘。

・ 另類的投資思維

談到蛋黃區買屋，這裡再分享一個真實故事。

投資房地產，不只是短期有效率的理財，也可以列入長遠的財務計畫。本案例是一位竹科上市公司的高階主管，他想幫孩子做理財計畫，原本他是透過買保險，以儲蓄理財然後每年分紅的方式，他計算直到小孩長大正式入社會工作有收入前，透過這個計畫，在二十歲前每年都有分紅可以做為孩子的生活費。

但如果只是著眼於每年有生活費，本金則是存放二十年，但投報率是未知數。我就建議這位竹科高階主管，與其買儲蓄險，何不直接投資房子呢？房子可以用孩子的名義買，每個月貸款父親來繳，金額不大，而且還有租金收入，可以給孩子當生活費。二十年後當房貸繳完了，孩子直接擁有一個資產，並且這個資產可能比當初購買時增值了幾十萬甚至上百萬元，這樣的投資絕對比買二十年的儲蓄險要來得好。

此外，如同前面所說老屋的好處，可能當你買屋時，屋齡也已二、三十年了，等孩子長大，該屋肯定要準備都更了。孩子剛入社會就已經可以小屋換大屋，也剛好可以讓他準備娶媳婦、成家立業了，這樣的長遠計畫不是很好嗎？

裝潢達人這樣説
怎樣的房子需要裝潢

裝潢的確可以讓一間房子改頭換面，但在那之前，我們要先問自己兩個問題：

1. 這房子有需要裝潢嗎？
2. 這房子靠裝潢有救嗎？

第一個問題牽涉到兩個層面，往好的層面說，房子本身已經很完美了，根本不需要裝潢。這聽起來很好，但除非碰到特殊情況，例如原屋主因為急著賣屋，所以願意較低價賣出。否則在正常情況下，原本的屋況越好，就代表著賣價越貴，賣價越貴，就越不符合房地產投資理財的要求。

那麼往壞的層面，這房子有需要裝潢嗎？若根本就不是一個好的物件，例如房子所在地段很糟、周邊環境不佳等，這些因素就算裝潢也不能改變現況，那麼根本連買都不要考慮，更不需要

去想要不要裝潢的問題了。

第二個問題對讀者來說，才是比較核心的問題。

當我們覺得一間房子不論地點、基本價位或環境等都符合我們需求，這時才要進階去問有關裝潢的問題。

◆ 先天不足的屋況

說起裝潢，就如同俗諺：「佛要金裝，人要衣裝。」或者如同那句俗話所說：「這世上沒有醜女人，只有懶女人。」

幾乎大部分的屋況都可以靠裝潢加分。問題在於：

1. 是否再怎樣裝潢也難以大幅提升質感？好比說一頭猩猩無論再怎麼裝扮化妝，也無法化腐朽為神奇吧！
2. 雖然裝潢可以改善原本屋況，但必須投入的金額太大了。如果一間幾乎已是廢墟的房子，要整個脫胎換骨需要花 200 萬元，值得投入嗎？

上題答案不一定是否定。舉例來說，一間市價 1000 萬元的房子，但原屋主願意用 500 萬元賣出，那麼就算裝潢費需要花 200 萬元，依照序章所說的公式：

購屋成本＝房屋購買價＋裝潢成本

整個購屋成本只要 700 萬元，就算後來用市價九成賣出，只賣 900 萬元，也還可以賺 200 萬元啊！

所以適不適合裝潢，重點不一定在投入金額多少，關鍵還是

在於成本的投入，是否可以創造更多的利潤？

雖然可不可以裝潢沒有個絕對標準，單看未來賣相而定。但仍然有個相對標準，也就是說，具備這些情況的房子，很可能就算靠裝潢也沒用，或者裝潢成本會大幅提升者。

通常會被列入於此的，主要就是「就算想改也不可能或困難度很高」的，關於此，讓我們就以買屋的角度，列出四個買屋的負面考驗。

» 格局

格局，可以說是房子基本的樣子。格局是難以改變的，除非拆掉重建，但那對小資族來說是不切實際的。

對大部分的人來說，最喜歡的格局就是方方正正的，可以是長方形、正方形，或可能不規則的方塊組合，但就是不要那種奇奇怪怪的，有斜角或一進門就看到歪歪的感覺。

正常來說，建商蓋屋當然也會盡量蓋格局方正的，然而對投資者來說，我們大部分買的房子會是中古屋，有的年代久遠，當初蓋屋可以限於地形地貌，或者古早的不同價值觀等等，總之，房子不是一般人喜歡的格局。

例如我曾看過五角形的格局、房子一邊斜斜的格局等等。

» 梁柱

特別對於東方人的思維，梁柱往往跟風水有關，例如忌諱梁柱位在床上頭，覺得整個人也會被「壓」住等等。但任何房子絕對都有梁柱，畢竟蓋房子就會有梁柱，重點只在梁柱的位置。

如果梁柱能完美的與牆壁隔間等連接，那自然沒問題，若非如此，而是一開門就看到天花板上的梁柱，心理上就會有了壓迫感。偏偏梁柱牽涉到屋宇的結構問題，絕不可輕易去更動，否則引起工安問題，絕對官司纏身。

» 樓地板高度

這又是另一個無法變更的事項，如果一間屋子當初的設計，好比說屋子高度只有兩米多一點點，個子很高的人就幾乎要頂到天花板了。就算沒那麼極端，只要天花板不夠高，例如只有二米三、四，也比較會帶給人壓迫感，因而降低後方承接者的意願。

並且屋子高度也牽涉到後續的裝潢，如果天花板還要做工程，因線路必須加隔板等等，此時天花板就更低了。其實很多商辦空間就因為天花板的設計，加上還需消防灑水設施等等，空間相對更低矮，但對於住家式的投資，這就是大大的缺點。

» 採光

比起上面三個項目，採光是相對上比較有可能變動的。但實務上，要變動的可能也不大。基本上，一間房子至少要兩面採光，倘若是只有一面採光，那就是不合格，也就是賣相很不好的房子，畢竟誰都喜歡住在有光亮的地方。

假定一間屋子只有一面採光，依照傳統屋宇的房間配置，若要三房兩廳，很難只靠一面採光，讓所有房間都有光，除非房間設計得很奇怪，一般若這種情況，最終只有犧牲客廳，讓個別房間都有光，客廳沒有窗戶沒關係。

這四個項目都是「先天不足」，但是否可以「後天改善」呢？其實也還是有方法的。

◆ 先天不足，也可以後天改善

先天不足的房子，需要更高的成本處理。

讀者要問，如果可以的話，當然盡量找沒問題的房子，何必把時間浪費在先天不足的房子呢？

所謂「危機就是轉機」，對房地產投資者來說，正是至理名言。往往就是因為先天不足，才更有獲利的空間，一方面先天條件越差，我們買屋時可以殺價殺到更低，二方面，就是靠著我們的裝潢專業，創造神奇的效果，只花一分錢卻打造十分錢的效果，為房子加分。這樣一減一加，就有了可觀的利潤。

當然，如果是先天就無法改變的情況，要改動的確有困難度。但請記住，我們並不是要追求完美，例如，若能把原本五十分的屋況進步到七十分，也是可能有獲利空間的。

針對上節所說的四大負面考驗，這裡一一來說明。

» 格局不佳，可以重建空間印象

基本上，任何人買房子第一件事就看格局，這件事很重要，也因此，有時候一些賣家為了讓賣相好看，會故意在拍攝房屋時選出不會看出格局的角度。因此，我們買屋時不論再怎麼忙，都

一定要去現場看。

　　既然透過照片可能誤導印象，實務上，就算是真正進到一間屋子，看到的是非方正格局的房子，假定房屋買價可以壓夠低，那還是有解決方案的。

　　這跟幾何學有關，我們可以拿一張紙，畫一個不等邊的圖形，好比畫一個梯形好了，要如何讓這個梯形「格局方正」呢？很簡單，拿起筆來由梯形頂邊的兩端各劃一條線下來到梯形底邊，這樣就可以切出一個格局方正的方形，以及兩個額外的三角形了。

　　當面對格局不方正的屋子時，處理方式也是類似如此。當然，實務上較少碰到真正很誇張的格局，大部分可能是這邊斜一點、那邊歪一點等等的，這時就可以透過裝潢來調整視覺效果，例如本來歪斜的牆邊設計一組櫃子，或者在隔間時隔成方正格局，但把畸零的空間弄成儲藏間或者刻意放個有設計感的室內裝飾等等。

　　這些修改的方案，會帶來比一般裝潢更大的成本，但如果買價夠低就絕對划算。

» 梁柱壓頂，可以用視覺效果改變

天花板上若有一根突起的梁柱，絕對無法用減法消除，因為我們不可能去把那根梁柱敲掉。相反的，我們反倒要採用加法，就好比我們畫圖，本來要畫一個人，但不小心顏料沾到畫中的人體身上，這時不一定要把整張紙作廢，只要將錯就錯，把那個人畫成裝扮成化粧舞會的奇裝異服就好。

面對梁柱，我們也是要刻意為其做包裝，例如刻意設計成天花板的裝飾效果，加上投影燈，形塑一個美麗的造型，於是梁柱變成整體造型的一部分。或者另一種加法，好比說設計一個書櫃，直接安裝在梁柱下面，梁柱本身刻意用木紋裝飾，整體來說變成書櫃的一部分，如此根本也就看不到梁柱了。

當然，任何有關梁柱的裝潢，不可避免的，一定會壓縮到原本的室內空間，因此如何整體規劃，就看設計師的功力了。

» 樓板太低，用其他強項補足

在四個先天不足項目中，樓板太低是唯一無法針對原本缺點改善的，畢竟都已經夠低了，不可能像梁柱般用加法彌補，但也無法減去，除非整棟房子拆掉重建。

如果要投資低樓板的物件，就要預期未來可能的買家比較不會是住家型，而比較會是商辦型，像我們看很多補習班空間比較

低矮，反而更有凝聚專注讀書的效果。

　　但若還是要買這類的房子，而且對象是自住客，前提就是買價要殺得夠低，並且花很多心思在房間的布置上，讓其他的優點大大吸引買家的目光，也許下一位買家本身個子比較矮，不那麼在乎空間壓迫感，加上價格有吸引力，也可能有好的結果。

» 採光問題，要靠人工光源替代

　　比較上，採光問題也是很多人重視，但基本上，這也是較難克服的先天問題。當我們看屋的時候，不一定立刻就能分辨出屋子有幾面採光，例如有的屋子雜物太多遮住光線等等。另外也有一種情況，屋子本來有窗戶，但後來可能隔壁大廈蓋起來，讓原本的窗戶完全無用武之地，一打開只看到對面的牆。

　　要確認一間房子有幾面採光，比較可靠的方法就是爬到屋子的頂樓，看屋子有幾面牆是沒有遮蔽的。例如某間屋子我們從內裡看只有一面採光，但從屋頂看其實還有一面牆也是外頭沒遮蔽的，那就可能可以透過施工開窗，前提是我們要看這面牆有沒有其他住戶也有開窗，如果有就沒問題，若一戶都沒有，可能就是社區規定不准，那樣就無法私自動工開窗了。

　　若真的採光條件不佳，可是賣價夠低，還是可以透過人工光源來打造光明度。實際的案例，我們曾投資一個物件，這屋子位

在某個社區的低樓層，且非邊間，真的不折不扣是個「暗房」，即便大白天開門進去，沒開燈前暗到快要伸手不見五指，因為除了正門外，兩面都是牆，後門部分也因為位在天井底部，陽光照不下來，所以有此情況。

但這間屋子後來我們在室內設計下了很多工夫，每次帶人看屋，也都會提早打開所有的燈，顯現出一種金碧輝煌的樣子，也有買家不在乎有沒有窗戶，願意買下這房子。

整體來說，面對四大負面考驗，或者說任何房子的其他缺點，像是屋子老舊、漏水、壁癌等等，有的可以花較多的錢改善，有的則是花錢也無法改善。當這樣的情況，第一就是先確認缺點可以帶來很低的買價，第二，就算先天不足，我們也要盡力在其他地方做到讓參觀者留下好印象。

最起碼要求就是除了先天不足的地方外，其他可以改善的地方要做到讓人挑不出毛病來。接著再以差價原則，也就是我們用很低的買價，最後又以比市價低的賣價售出，以最低換次低，依然可以創造利潤。

這類的房子有個重點，那就是宅妝。所以許多仲介公司賣屋時，喜歡以樣品屋的概念妝點房子，因為對許多首次購屋族來說，他們要的就是一種感覺，他們若一進屋子就看到美輪美奐的

設計，甚至連家具都已經布置好，看完心情大不同，絕對會大幅提高購屋的意願。

　　特別是對現代年輕人來說，買屋本就是一件人生大事，可能頭期款已經花掉大部分的積蓄，再無力買什麼家具，若賣家提供很有溫馨感、附家具的室內空間，自然成交率會大大提高，至於那些先天不足，也許對那些買家來說就不那麼重要了。

STORY 3

改變用途，綻放商機──城隍廟商辦

物件型式：商辦→住家
格　　局：
坪　　數：29.45 坪
買　　價：310 萬
賣　　價：539 萬

💬 故事背景

　　這次分享的案例原本是個商辦，也因為是商辦，所以室內自然是辦公室格局，也就是沒有隔間、沒有浴室、沒有廚房，廁所也只有一間。要如何將這樣的空間轉換成住家呢？這是一個挑戰，也是一個商機。

　　本物件位在新竹城隍廟附近，地點是不錯的。但種種先天條件不佳，除了前述這裡原本是做為辦公室用途外，屋況也非常老舊，很久沒有維護，公司也早已沒在營業，在銷售前閒置著，幾乎呈半廢墟狀態，牆上也布滿壁癌。

　　原來，這裡本來是一個在地大家族的產業，歷史可以上溯百年以上，目前大樓的繼承人也已經移民日本。總之，是屬於「富裕且想快速處理掉資產」的那種。最初，賣方喊的價格是 410 萬元，自然乏人問津，半年後大幅降到 310 萬元，這時候我們聽到消息才進場的。

　　由於對方目前已歸化為日本人，按照日本的交易習慣，他們不習慣殺價，因此我們也就依對方的「定價」310 萬元成交。

🏠 麻雀變鳳凰

從一開始我們投資這個物件，就不是以商辦的角度思考，事實上，以權狀本身來看，這裡原本就是住宅區，只是過往都被以商辦形式使用。

這一次我們想「麻雀變鳳凰」，要變動的地方真的太多了。

» 採光問題

原本這棟大樓應該是兩面採光，但當初辦公室的設計，卻是典型的閉密空間工作場合，只有廁所那邊有開窗，以及建物最後端靠牆處有窗戶。因此，如何應用有限的光源，這就有賴於室內空間設計了。

» 室內格局

要由商辦變成住宅，自然需要隔間，並且要搭配先天限制：第一，房子是長形的；第二，光源只在原來廁所的位置。因此，我們後來的室內空間規劃，將空間隔成兩房以及一廚一廁都位在東側，另一側則留為走道，最後在屋子後面留了一個半開放空間，為了不遮住光源，所以這裡不設門，但如果將來買方要自己規劃有門也是可以的。

至於我們自己的設計，藉由屋子後面透進來的光，分給整間屋子，另外，廁所也加大。

» 對外銷售

由於這屋子沒有陽臺，於是我們在規劃上，把最後面的空間設計成半開放式，可以做為工作空間，也可以當成書房。對外銷售，雖然看起來是兩房一廳，但仲介是以三房的概念來賣。

本案例因為是商辦大改為住家，因此裝修費用較高，大概花費 80 萬元左右。另外，由於裝潢期間較久，期間也須負擔房屋貸款以及管理費。

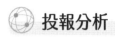 投報分析

當初買這間房子時，附近沒有實價登錄可參考。至於賣屋，我們則去參考周邊同型房屋的價格。

	房屋買價	維修成本	宅裝成本	其他	TOTAL
購屋成本	310 萬	80 萬		13 萬	403 萬
				利息＋管理費	

	自備款	維修成本	宅裝成本	其他	TOTAL
實際購屋成本	62 萬	80 萬		13 萬	155 萬

	房屋賣價	減	購屋成本	TOTAL
交易利潤	539 萬		403 萬	136 萬

	交易利潤	除以	實際購屋成本	TOTAL
投報分析	136 萬		155 萬	87％

🔍 重點解析

本案有幾個重點分享：

» 如何估算賣價？

以買賣房屋來說，所有賣方都希望賣價越高越好，相對來說，買方就希望賣價越低越好，最好是遠低於行情價。實務上，當身為買方時，我們大部分都追求低於行情價的物件。然而當房子買下來後，我們變身成為賣方，報價除了參考實價登錄外，有沒有其他的評估方式呢？

本案例在當時我們也經過長考，由於我們在裝潢設計上，刻意把房子整修成一點點豪宅風，為此還加裝了水晶吊燈。本質上是中古屋，但我們覺得房屋有一定的賣相，這要如何估價呢？

依照當時有一位房市名嘴顏老師的理論，他說中古屋價格是附近預售屋價格除以二。那時恰好附近有一個豪宅建案，正由某大建設公司推出，我們得知該案每坪 33 萬至 45 萬元，因此以顏老師的理論換算，（33 ／ 2）至（45 ／ 2）＝ 16.5 至 22.5 萬元。

於是我們想驗證一下這個理論。

最開始我們請仲介對外的賣價是 798 萬元，換算成每坪價格：798 ／ 29.45 ＝ 27.09 萬元，

結果房子放了半年無法賣出。

於是半年後降價到 738 萬元，也就是每坪 25.05 萬元，沒想到依然在市場上推不動。

再之後，價格繼續往下喊，一路從 698 萬（每坪 23.7 萬元）、638 萬（每坪 21.6 萬元）都還是賣不出去，最終成交價是539 萬元，換算成每坪價格 539 ／ 29.45 ＝ 18.3 萬元。

以最終賣價來看，顏老師的理論算是有一定參考性的，我們後來賣出的價格，換算成每坪單價是 18.3 萬元，就是位在 16.5至 22.5 萬元範圍內。

» 物件特色

本物件最大的特色，還是改變用途。

如果我們依然是以商辦的模式銷售這間房子，最終賣價肯定不會是 500 多萬元，並且價格會有一定的落差。那是因為商辦行情和住宅行情差比較多，這也是當初我們想要購買本物件的考量原因，就是因為想要讓商辦變成住宅，價格也會變成完全不同「量級」的。

或許有讀者會問，商辦為何比住宅便宜？印象中不是商辦比較貴嗎？

其實這種行情依照地區而異，這也是為何我們專業房地產

投資者都會有領域之分，一個對臺北房市很熟的人，不代表他也對其他城市很熟。甚至就連隔一個縣市，好比說我們專長新竹地區房地產，對這裡的每一區域行情都瞭若指掌，然而當跨條河進到其他縣市，好比說苗栗或臺中，卻已經感覺是完全不同世界，就連專業房仲也是跨區後就不敢自稱達人，所謂「強龍不壓地頭蛇」的概念。

無論如何，這個物件原本就位在住宅區，我們讓它回歸住宅本色，並且還藉由裝潢提升其價值。

特別要說明的是，這個案子也因為一開始賣價太高，最終耗時較久，在估算成本又多了幾個月的利息成本。以本案例來說，利息加上管理費，又讓我們多了 13 萬元的成本，否則本案投報率會更高。

STORY 4

出租，讓自己立於不敗之地──遠百老公寓

物件型式：公寓
格　局：
坪　數：20.4 坪
買　價：260 萬
賣　價：335 萬

💬 故事背景

　　以投資的角度來看房地產，買低賣高當然不會是唯一的考量，眾所周知，當包租公、包租婆也是一種常見的選擇。當然，這也關係到每個投資人的風格，以我們的投資習慣來說，主力還是「麻雀變鳳凰」，將原本普通甚至缺陋的房子，變成美麗的新樣貌問世。就算這樣，我們依然有些投資物件會採取收租的形式。基本上，只要計算最終可以獲利，要賣要租都是可以的。

　　本案例是一棟四樓老公寓，我們的物件在三樓。這裡有個明顯的缺點，就是公寓所在的巷弄非常狹窄，窄到連一般的四輪轎車都無法開進來。此外，以我們當時買入的價格來看，朋友們都說我們買貴了，大家都不看好這個投資，也好奇我們為何會買下這樣的物件。

　　答案正是我們評估這裡的條件符合「房地產完勝公式」。

　　相關公式我們後面再來介紹。總之，我們評估這裡因為位在市中心，雖然屋齡舊了點，但因為地點實在太好了，保證出租得出去，就算我們連裝潢都不做，也估計可以每個月收租 1 萬元。

　　當然我們還是會將房子加以整理，因為這樣除了可以讓房子租金提高外，將來售出也可以有更高的價值。

🏠 麻雀變鳳凰

朝租屋的投資獲利方向來規劃，我們設定的住房對象主力是年輕人，在裝潢設計上，我們「麻雀變鳳凰」，也就是要讓房子變成「年輕人的房子」。

我們的裝潢重點有：

- 把原屋子老舊的地方換掉。
- 地板重新整裝。
- 藉由宅裝，把房子設計成工業風。
- 在屋內加上各種流行的元素。

藉由宅裝，我們把房子定位清楚，除了收租當包租公、包租婆外，之後配合市場行情，當價格漂亮的時候，我們就把房子出售給下一手，正好買方也是一位投資客，他就是看準房子可以出租才購買的。

我們的設計也讓他承接時不需要再額外花什麼裝修費，就能繼續收租金，享受已經變鳳凰的物件好處。

投報分析

本案例的投報分析會比較複雜，因為報酬包括：

1. 每月租金收入（同時每月也會增加貸款利息成本）。

2. 最終房屋賣出賺取的價差。

這個物件因為有買方需求，我們後來只持有六個月就轉手，這裡就只單純計算買進賣出的投報率。租金的部分，後面部分再加以說明。

購屋成本	房屋買價	維修成本	宅裝成本	其他	TOTAL
	260 萬	30 萬			290 萬

實際購屋成本	自備款	維修成本	宅裝成本	其他	TOTAL
	52 萬	30 萬			82 萬
	八成貸款				

交易利潤	房屋賣價	減	購屋成本	TOTAL
	335 萬		290 萬	45 萬

投報分析	交易利潤	除以	實際購屋成本	TOTAL
	45 萬		82 萬	54％

　　由於我們前面已經強調，當初買這個物件價格並不會很好，但即便如此，最終我們還是有 54％的投報率，並且這還不含租金收入。

🔍 重點解析

本案的最大特色，就是：

» **房地產完勝公式**

這個公式非常簡單，只要：

每月租金＞每月貸款（本金＋利息）

持有者就一定立於不敗之地。最好的情況就是收一陣子租金後，房子以很好的獲利賣出。

就算很長一段時間不賣出，只要依照本完勝公式，那就代表你每月不用負擔額外支出，就有人幫我們繳房貸，繳到一定年限後，房子就完全是我們的，是一個完全的資產，但仍繼續有每月的進帳，成為被動式收入。

» **租金要大於貸款**

當然，這需要計算的。以本案例來評估：

- **貸款金額**：260 萬的八成＝ 208 萬
- **每月利息**：以 208 萬，貸款 20 年（依平均年息 2%計）

　　　　每月應繳利息大約是 5000 元

　　　　若能跟銀行談到貸款 30 年

　　　　每月應繳納利息大約是 3700 元

- **每月負擔**：依照我們經常辦貸款所常用的公式

　　　　5000X2.08 ＝ 10,400

　　　　這就是每月的房貸本金加利息負擔

- **每月租金**：

如果房子沒特別整理，租金大約 9,000 ～ 11,000 元。

如果房子特別整修宅裝過，租金大約 13,000 ～ 15,000 元。

後來，我們也的確以高於貸款金額的月租金，成功出租。

» 租金投報率

　　假定房價永遠不漲，再假設我們租金剛好抵過每月貸款。那麼就代表著當初投資 82 萬元，20 年後換得一間總價 260 萬元的房子。

　　這樣的投報率是什麼呢？

　　就代表如果今天我們手中拿著 82 萬元，想找個投資標的，把錢放著。

- 把錢放在銀行定存，以現在一般利率大約只有 1％計算

20 年後大約領回 100 多萬元。

- 把錢放在各種經營事業，暫不管 82 萬元資金非常微薄，就算真的投資事業，根據統計，創業五年成功率只有 1% 計算，更何況要經營 20 年。

- 但把錢放在房地產，20 年後整個房子都是我們的，更何況歷史證明，房子不會 20 年後完全不漲。此外，我們每月租金也都超過貸款本金＋利息。

關於租金投報率計算，我們後面會有更「包租本位」的案例分享。

170

》怎樣的情況適合出租？

當我們評估所購買物件有著很好的地理位置，包含鄰近學區及商業區，並且事先訪市知道該地有租屋需求，那麼只要物件能夠以低於行情或跟市價行情差不多購買，就有出租價值。

本方式也適合想採取保守穩健投資方式的朋友，畢竟有的朋友可能不喜歡頻繁的買與賣，只希望擁有一個物件，短期內可以收租金，將來也可以做為自己退休後擁有的居所，那麼買屋出租會是個很好的選擇。

並且租屋有個特色，並不是買的房屋越貴，就一定租金越高。例如我們可能購買一間總價 1000 萬元的房子，可以對外以每月 2 萬元的租金招租，但如果我們購買的是總價 2000 萬元的房子，可能對外出租的價格也只能是 2 萬元，因為當地的租金行情就是如此，畢竟租客的荷包有限。

只要適當的計算每月可收租金，就能換算投報率，例如我們可能只需準備幾十萬元的自備款，就可以購買位於高出租需求地段的物件，每月零成本，進可攻退可守的持有一個位在精華地段的房子。

STORY 5

地點對，再差也有賣相──商圈華廈

物件型式：華廈
格　局：
坪　數：38 坪
買　價：465 萬
賣　價：600 萬

故事背景

前面我們曾提過，因為選對地點，就算我們買的價格不那麼漂亮，也不用擔心後續的出售問題。

真的，地點太重要了。在此，我們再來補充一個和地點有關的案例。

這個案例位在新竹市重要的商圈附近，一出來就可以看到大潤發。然而，一走進屋內真的屋況不佳，可以看到地板及廚房、浴室都是油汙，客廳牆壁也呈現燻黑的樣貌，可能是之前放神明桌。但這個物件最大的一個缺點就是他的停車位，依照權狀，該戶明明有一個停車位，但實際上，卻因為當初大樓設計不良，停車場入口太低，除非較迷你的車子，否則一般房車根本無法停進去，這導致產權空有停車位卻無法停車。

由於該物件位在市區精華地段，當初賣方報價到 598 萬元，但我們最後砍價到 465 萬元成交。

然而，這樣子條件的房子有人要買嗎？

實務上，只要地點對了，絕對還是有人願意買。以本案例來說，包含我們整修期以及對外價格磨合期，本案花了九個月賣出，雖然比起我們其他案子是相對來說比較久的，但依然讓我們獲得一定的投報率。

　　特別要說明的是，本物件有個特色，那就是有個面對馬路的外牆，可以做為廣告牆用，依照一般行情，該牆的每月廣告承租費是 3000 元。後來的買方，就是因為看中房屋地點以及這面牆的附加價值，她本身是傳直銷商，那面牆剛好讓她打形象廣告。至於停車位，由於對方本身不開車，所以不會特別在意。

🏠 麻雀變鳳凰

本物件的外在條件，如停車位入口太低等，並不是我們可以控制的，因此重點還是在加強內裝，要怎樣讓這屋子變美呢？

» 如何裝潢

搭配原本屋子的格局，規劃客廳、電視牆。

» 整齊清潔

這個物件，一進來最讓人印象很糟的，就是髒汙感。關於這部分，其實只要經過適當清理，就可以換回美麗本色。

我們把天花板整個換掉，地板也重整，浴室也都重做。

» 不須宅裝

由於屋子本身採光還不錯，經過打理後，看起來窗明几淨，賣相就很好，不需要再搭配家具宅裝。

投報分析

這個物件位在都市蛋黃區，本身就有抗性。我們當初是開價698 萬元，後來以 600 萬元整成交。至於整個內裝清理不需要宅裝，整個花費約 40 萬元。在成本方面，因為花了九個月售出，有額外的利息成本 5 萬元。

購屋成本	房屋買價	維修成本	宅裝成本	其他	TOTAL
	465 萬	40 萬		5 萬	510 萬
				利息	

實際購屋成本	自備款	維修成本	宅裝成本	其他	TOTAL
	70 萬	40 萬		5 萬	115 萬

交易利潤	房屋賣價	減	購屋成本	TOTAL
	600 萬		510 萬	90 萬

投報分析	交易利潤	除以	實際購屋成本	TOTAL
	90 萬		115 萬	78%

只要地點對，基本上都還是有可觀的投報率。

🔍 重點解析

本案例可以來談談附加價值。

» 找到附加價值

這不是必要條件，但有時候我們找到的物件，會有類似廣告牆這類的附加價值。

以本案例來說，甚至因為這個附加價值，所以讓買方很快就願意承接，她本身的職業適合讓她藉由那面外牆打個人廣告。而其他的情況，則多半不是自用，而當作是對外招租的標的。好比說，只要位在車來車往的主幹道，確認有一定的「吸睛度」，在不帶給物件本身額外成本下，卻可以每月增加一筆小小的收入。

若條件夠好，甚至廣告外牆租金還可以更高，至於以本案例來說，則行情大約是 3000 元。這個數字說多不多，但就可以抵掉每月繳給銀行的利息，只剩下本金，相信很多人都願意。

STORY 6

欠債屋主，低價求售──學區公寓

物件型式：公寓
格　　局：2房2廳2衛
坪　　數：29坪
買　　價：145萬
賣　　價：250萬

💬 故事背景

　　物件的狀況百百種，但最核心的兩大重點，一個是價格，一個是地點。如果能夠取得比當地行情低很多的買價，這是首選。但即便如此，也依然要考慮地點，若物件地點是窮鄉僻壤，就算用很便宜的價格買進，日後卻根本賣不出去，也沒有意義。

　　本案例剛好雙重條件都吻合，既能以低價取得，地點也不錯。它的地點不是位在市區繁華區那種，但有另一種地點優勢，以新竹來說，這地方位在新竹科學園區附近，這就是它的優勢。

　　至於取得的價格真的非常低，相信很多人甚至不需貸款就可以現金買進，售價後來被砍到只剩 145 萬元。當然我們還是會貸款，因為自備款越少，才能創造財務槓桿，投報率也才會越高。

　　本案例當然有其缺點，例如位在公寓五樓，只能爬樓梯，這就是一大缺點，但比起售價，這個缺點真的不算什麼，而且價格方面甚至比當地其他房子法拍價還低。原因就在於賣方急售，當時屋主仍住在屋內，他因為欠債，唯一的要求就是房子賣出後，他不但有錢可以償債，還有餘力拿來租屋，這樣就心滿意足了。

　　我們很幸運能取得這樣的低價物件，可以說是典型的買到賺到，後來也的確在很短時間內，在房子整修後不到兩周就轉手，賺取一定利潤。

🏠 麻雀變鳳凰

　　這個物件本身賣得這麼便宜，除了賣方急著脫手償債外，屋內也的確有些髒亂，甚至我們當初去看屋的時候，在陽臺上竟然還看到蜂巢。但買物件看到蜂巢代表什麼呢？我們投資界都說，買屋看到蜂巢，後來鐵定大賣。

　　裝修處理看來很麻煩，然而實際上房子本身沒有什麼大的狀況，漏水雖然有些嚴重，甚至地板都已經積水泡爛，但整體來看，我們處理了漏水以及內裡清潔，整個地板換掉，至於清理蜂巢更是小事一樁。

　　基本上，我們設定的目標就只是基本修繕，讓房子回復原本功能即可，也不需要宅裝。最終整個花費不到 18 萬元，就已呈現出煥然一新的房子了。

投報分析

　　當初我們低價買進加上基本修繕後，原本設定的目標只要賣到 200 萬元就很滿意了，沒想到最後我們還能賣到 250 萬元，扣掉給仲介的 10 萬元（因為他有本事談到高於我們預設的價格很多），實拿 240 萬元。投報率超過 100％，達到 163％。

購屋成本	房屋買價	維修成本	宅裝成本	其他	TOTAL
	145 萬	18 萬			163 萬

實際購屋成本	自備款	維修成本	宅裝成本	其他	TOTAL
	29 萬	18 萬			47 萬

交易利潤	房屋賣價	減	購屋成本	TOTAL
	240 萬		163 萬	77 萬

投報分析	交易利潤	除以	實際購屋成本	TOTAL
	77 萬		47 萬	163％

🔍 重點解析

　　本案例是典型的，將狀況排除後，花小成本就可以讓屋子煥然一新，包括原本看似漏水嚴重、陽臺有蜂巢，還有內裡很髒亂等等。像我們這樣經驗豐富的人，一眼就可以看出髒亂表象下的美麗，就好比金庸小說《射鵰英雄傳》故事女主角黃蓉，一開始出場形象是蓬頭垢面的女乞丐，結果本人卻是個絕世美女。我們「麻雀變鳳凰」，也是這樣的概念。

漏水處理面面觀

漏水問題，帶給許多民眾很大的困擾，然而對投資人來說，困擾所在，往往也是商機之所在。最典型的商機，買屋的時候若物件有漏水，賣方通常都不得不面臨大幅降價的處境，這讓我們在購屋時可以較低成本取得。

當然我們要有本事解決困擾，否則買到漏水屋，就只是買到一個麻煩。

以長年經驗來看，漏水這件事一點都不麻煩，很少碰到讓師傅也束手無策的狀態。基本上，漏水背後的原理都是一樣的。

第一，要有水源：不是外頭的雨水，就是連接到某處通水的管線，如水管或馬桶管。

第二、要有路徑：原本水的路徑都被規劃好的，會漏水一定是路徑出問題了，簡單講，就是路徑有破洞了。

總體來說，漏水問題背後的邏輯就是以上兩個，頂多就是程

度是輕微或嚴重，只要抓準原則，後續處理就簡單了：

1. 看漏水：先從屋頂看起

　　有很大一部分的漏水問題跟頂樓有關，幾乎只要是位在最頂樓且天花板漏水，那麼漏水問題處理通常就是頂樓防水要重做。而若不是頂樓，卻依然是天花板漏水，那麼依照水源邏輯，就是樓上的水漏下來了，這種情況下，通常天花板對應的位置，正是樓上住戶的浴室位置。

　　以上二者，總之就是「樓上積水」，逐步滲漏到下層來。這類問題比較麻煩的反倒不是技術問題，而是管理問題。例如頂樓是公共區域，興建工程要取得管委會同意，而若是沒有設置管委會的老舊公寓，還得一戶一戶徵詢住戶同意。

　　至於牽涉到樓上住戶的漏水問題，往往跟費用有關。例如我們要樓上住戶花一筆錢修繕浴室，萬一對方不肯配合，就要動員到管委會介入，最糟的情況下，才需要採取訴訟。但如果我們這方願意自己吸收經費，只請求樓上住戶願意讓師傅進入，由於對方浴室出問題在先，心中本就有愧，就比較容易同意。

　　第三種是牆壁滲水，也就是非樓上積水問題，而是水由邊邊滲進來。最常見的地方是在窗邊，可能那裡有縫隙，讓雨水長期浸潤最後滲進來，這也是靠堵漏就可以解決的。

2.防水的作法

　　漏水之所以如此擾人，因為對一般民眾來說，這是一件他們難以理解的事，畢竟一個堅固的鋼筋水泥樓房，卻讓水可以滲透進來，那屬於工程專業領域。但對師傅來講，他要做的一件事，就是找到漏水的源頭，然後「把洞補起來」就好。若碰到情節嚴重的，可能不是單單補洞就好，例如根本就是老舊房子，就算今天堵住這個洞了，明天又從另一個洞漏，防不勝防的情況下，師傅還是有治水妙方，那就是直接施做一個防水層，也就是不只針對「點」來防水，而是針對「面」來防水，這部分當然就要更大的預算，其成本非常有可能超過 10 萬元。

　　即便如此，若當初買屋因為漏水殺價 30 萬元，現在維修成本 10 萬元，兩者還是有很大的差價空間。

　　假定並非這種一整個面的防水層施作，抓漏堵漏的成本就低得多。通常會針對漏水的地方，好比說樓頂裂縫先用彈性網貼裂縫，再用 PU 去做防水。最怕的還是「補了又漏，漏了又補」，那就代表單做防水還不夠，必須採取更進一步的長期保養，也就是每隔幾年要做一次防水強化。通常每三年要做一次，如果是我們自住的情況，可能就是這樣每隔三年要保養一次，但以成本來說，保養的費用當然就比維修便宜。

此外，有時候漏水源頭是水管，若是公共管線本身老舊，處理起來也很麻煩，常見的修繕法不是直接補洞，而是製作一個「承水盤」，讓水繼續漏，但水會跑到盤子中，當水滿了就由其他管道排掉，但不會滲進屋內，這樣的設計也算是沒辦法中的辦法。這樣的承水盤安裝成本，大約是 1 萬元。

另外也曾遇過馬桶老化帶來的滲水，那麼也算大工程，而重新安裝馬桶及管線，這筆費用通常就是屋主自己吸收，樓上住戶不太會付。

基本上，只要當初買屋時就把漏水的修繕成本計算進去，並且有預設夠大的利潤空間（至少 2、30 萬元），那麼即使買漏水屋，仍舊可以讓買方立於不敗之地。

STORY 7

出征外縣市，依然可獲利── Ａ 市華廈

物件型式：華廈

格　　局：

坪　　數：37 坪

買　　價：200 萬

賣　　價：370 萬

💬 故事背景

房屋投資是有地域之分的，對甲城市很熟悉的投資人，不一定對乙城市了解，畢竟他對乙城市的各區段價位就是不熟。即便如此，投資房地產沒有一些「共通的規則」嗎？如果抓住這些基本規則，例如買低賣高以及排除相關嫌惡設施條件，是否依然可以投資致勝呢？

基本上，我們較少朝這方面嘗試，那是因為光在我們最熟悉的新竹縣市，已經有源源不絕的投資機會了。偶爾若有非新竹的案子，只要具備投資優勢，我們還是會參與。

本案算是我們第一個非新竹的投資案例，物件位在苗栗竹南。也算因緣巧合，賣方是個家世不錯的人，他自家住新竹峨嵋，竹南的房子則是繼承來的，他本身就當個現成的包租公，過往也沒特別想處理。

那天他去新竹市辦事，路經房仲辦公室，由於房客剛退租，房子空著要處理也麻煩，於是他就把車停路邊，算是「順路」把案子委託出去，也因此這個苗栗的案子才會委由新竹的仲介承接。剛好那個承接的仲介是我們的朋友，一看報價覺得似乎低於行情，所以就通知我們。

之後我們做了一些功課，發現該物件的報價是該社區售價最

低的，便決定信任仲介，投資本案。

　　本案也是少見的，我們從頭到尾都沒去現場看屋，全權委託
專業處理，包括裝潢修繕也都採信任制，也因為整個過程進展都
很順，並且很快就有買家，而且以超過市價行情售出。

🏠 麻雀變鳳凰

　　這個物件要介紹的重點主要是宅裝，屋子本身沒有什麼重大瑕疵，但如圖所示，就是「很傳統」，也就是沒什麼特色的普通民宅。針對這個物件，我們想要讓它變成現代化風格，讓村姑變時尚摩登女郎的概念。

　　也因此，我們把這 37 坪的空間，整個內部空間都改頭換面，花了 40 萬元。比較特別的是，因為地理因素，本案我們幾乎沒有親自督工，完全委由專業，這裡也看出，平常找到理想的設計團隊非常重要。甚至可以像本案一樣，就委託設計師全權處理就好。當然，過程中透過照片傳檔，我們依然可以了解設計樣貌，以及追蹤整體進度。

投報分析

　　本案例中，原本屋宇狀況沒什麼問題，不論天花板、地板或廚房、浴室等，都沒有特別需要整修的地方。因此，整修主要成本都是花在宅裝。

購屋成本	房屋買價	維修成本	宅裝成本	其他	TOTAL
	200 萬	40 萬			240 萬

實際購屋成本	自備款	維修成本	宅裝成本	其他	TOTAL
	40 萬	40 萬			80 萬
	八成貸款				

交易利潤	房屋賣價	減	購屋成本	TOTAL
	370 萬		240 萬	130 萬

投報分析	交易利潤	除以	實際購屋成本	TOTAL
	130 萬		80 萬	163%

　　這也是投報率超過 100％的案子。

🔍 重點解析

本案重點分享：

» 如何買外縣市房子？

重點還是要找專業人士。我們本身也協助很多的客戶，他們來自臺北或高雄，想要投資新竹地區。既然新竹縣市是我們的專業「地盤」，交給我們可以真正的協助客戶，做出一定投報率的好投資。

相對來說，像我們這樣專精於新竹縣市，就比較少去開發非新竹地區的物件，所以本案算是特例。前提就是，必須掌握到各種有利的情資，而這種機會是可遇而不可求的。

以本案例來說，當我們從仲介口中獲得訊息之後，我們的處理方式：

(1) 上網看實價登錄

這是現在很方便的查詢方式，不用大老遠跑去陌生的縣市看屋，透過網路就可以初步的篩選。當時我們一看，若賣方售價200萬元，那真的低於一般行情。

(2) 和信任的仲介合作

　　如果是房價低於行情，原因可能很多，不一定價格低就可以買。所以我們平常就專注在新竹縣市物件，不會特別到全省各縣市搜尋這類案子，不希望花太多工夫在不熟悉的地區，畢竟光是來回交通都是一個成本。但本案有一個特色，那位接受委託的仲介，他的老家就在竹南。也因為有了這層保障，我們相信他的判斷，這位仲介認為這物件真的夠便宜，且地段沒有問題，加上總價很低，因此我們才參與本案。

(3) 立於不敗之地

　　雖然是在不熟悉的地區做投資，但因為買價夠低，房貸壓力也很小。依據「房地產完勝公式」，我們藉由仲介知悉該地區的租金，至少 1 萬元沒問題，如此，當我們確認最差的情況也可以出租，並且租金遠大於每月貸款支出。

　　這樣就可以更安心投資，而不論未來是要出售或出租，我們經過評估，決定多花些成本在宅裝上，目的是吸引苗栗在地對居住品質有較高要求的人。後來承接的買方是一位國小校長，他就是看中我們把房子設計得很有現代感，附家具直接可入住。

　　這個案子從裝潢完對外公開，不到三天就快速成交。我們原本預計底價是 370 萬元，對外賣價是 438 萬元。但由於校長一開

始喊價就符合我們設定的底價，因此沒什麼討價還價就成交了。

　　最後仍必須說，本案是特殊案例，讀者們若想要投資不熟悉的區域，最好還是結合在地的專業投資團隊。以本案來說，為何我們不討價還價就直接成交？畢竟我們若肯多花點心思，可能還可以拉高價碼。但地理因素是個問題，處理較遠的物件，我們還是希望可以一次解決，不希望還要來回跑多趟。

STORY 8

跨境投資，宅裝致勝── B 區華廈

物件型式：華廈
格　　局：
坪　　數：31 坪
買　　價：320 萬
賣　　價：420 萬

💬 故事背景

這是另一個跨區的案例。

讀者可能要問，上一個案例位在苗栗縣，所以是外縣市，但本案位在新竹縣啊！怎麼也是跨區呢？其實專業投資人都會有個專精的地區，並以此地區為核心，越往外圍縣市就越不去觸碰，那是因為基於效益，要把主力時間專注在熟悉的地區。所以以新北市為例，一個對新莊地區很熟的房仲，他就不一定了解三重地區的物件，即便兩個地區相鄰，且都位於新北市。

同理，就算在整個大新竹區，新竹縣跟新竹市還是不同區域，我們對竹北市仍有一定的了解，但並非主力區域，通常都是碰到很特別的物件，才會參與投資。

以本案來說，也是在無意間逛網站尋找新竹市物件時看到竹北市的物件，發現該物件報價比一般行情低。

對於竹北我們還是有基本概念的，以中華路為主軸，竹北大致可以分成西區和東區，而該物件就位在西區。當地一般房價行情是 400 多萬元，本案例賣方喊價 300 多萬元，的確價格偏低。

以距離來看，竹北市離新竹市還算近，因此也算是我們可以投資的範圍。在「價格」至上、好物件要把握的情況下，我們看屋後決定買下，之後再宅裝出售。

🏠 麻雀變鳳凰

當我們去看屋時，也了解到為何原本賣方想脫手。這房子當時仍是出租狀態，房客仍住在屋內。而那顯然是一戶很不愛惜房子的房客，他們把房子弄得很糟，一進門，格局是長形的，室內放了很多枯死的盆栽，整個空間感覺死氣沉沉的。

但我們也看到，除卻這些人為的環境髒亂因素外，房子本身其實條件是好的，兩面採光，雖然屋子形式稍狹長，但格局仍算不錯，加上本身是電梯大樓，上下樓也方便。雖然這個物件位在頂樓，但我們去檢查，也沒有漏水問題。

不久後租約到期，房客搬走，我們清理內部時，處理掉那些盆栽，並沒有花太多工夫。比較大的工程，主要是針對這樣的頂樓房子特別做了外牆防水，另外廚房、廁所有做些小整修。宅裝部分則是為了要讓視野上不要看來如此狹長，訂做了一個櫃子。整體修繕及宅裝成本大約 40 萬元左右。

而裝潢後，這個物件也是很短的時間就成功找到買家。

投報分析

　　本物件為何售價會比周邊正常行情低呢？房子本身屋況的確不是那麼好，但最主要原因還是賣方不懂行情，他只是覺得，比起擁有一棟房子，他更想要現金。也因此，當他報價 398 萬元時，被我們砍到 320 萬元，他也願意成交。

購屋成本	房屋買價	維修成本	宅裝成本	其他	TOTAL
	320 萬	40 萬			360 萬

實際購屋成本	自備款	維修成本	宅裝成本	其他	TOTAL
	64 萬	40 萬			104 萬

交易利潤	房屋賣價	減	購屋成本	TOTAL
	420 萬		360 萬	60 萬

投報分析	交易利潤	除以	實際購屋成本	TOTAL
	60 萬		104 萬	57%

🔍 重點解析

» 順應格局，調整戰略

當我們買房子的時候，有些項目可以改變，有些則是不可改變的。

例如房子本身有漏水、壁癌等狀況，只要經過修繕即可；但若是房子本身格局，例如房子是長條狀的，除非整間房子拆掉重建，否則我們再怎樣也不可能將之「調整」為方正的格局。

但即便是看來格局不好的物件，也可以有變通的方法。

以長條狀房子來看，如果整體設計是屋子中間有一條「腸子」，那根本就是凸顯缺點，當然賣相不好。

事實上，這種格局的房子，只要經過設計師的妝點，適時結合心理學，便能化腐朽為神奇。靠著營造空間感，把長條空間切成兩個方形空間，這樣就不會讓人感覺屋子是長的。如果再搭配整體裝潢，就是清新普普風，那還真的非常適合小家庭來住。

雖然因為格局長，可能會有些空間不好規劃，但經過巧思，例如有些空間規劃成遊戲室，在空間與空間之間，則藉由透明玻璃拉門製造「穿透性」，讓原本採光侷限的空間，即便只有屋後面有光，透過玻璃門，還是可以讓光傳到前面來。

　　其他包含刻意設置成高度偏低的櫃子，讓上面有額外空間等，都是善於結合原本有缺點的格局，做巧思的裝潢案例。

STORY 9

等到好價格再出手——學區華廈

物件型式：華廈
格　　局：
坪　　數：
買　　價：310 萬
賣　　價：440 萬

💬 故事背景

　　所謂投資，當然是希望在買進和賣出間有一定的價差。但如果因為整體經濟環境因素或特殊的區域行情，評估賣出價格不划算，那該怎麼辦呢？沒關係，只要符合「房地產完勝公式」就不用擔心。

　　本案例位在新竹三民學區，當初購買時就看準當地學區有一定的租客，於是一開始就朝出租的方向規劃。這也是較罕見的案例，我們一般物件都以效率為考量，最好是買來加以「麻雀變鳳凰」後便迅速賣出。但本案例以出租為主力規劃，兩年後才賣出，整體計算投報率也是很可觀的。

　　當然也不是刻意為了出租而出租，以投報角度來看，若有好價格也會想盡快脫手。當初也是因為市場賣價不符合我們期待，我們設定目標想要賺更多。

　　另一個影響因素就是裝潢。本案例算是裝潢上的錯誤示範，也影響到我們銷售的意願。直到兩年後，我們決定出售，那時才再裝潢一次，所以本案例有兩次裝潢修繕的成本。

🏠 麻雀變鳳凰

　　這個物件是比較早期的案例，那時候我們尚未和有默契的設計師團隊合作，而是聽從長輩建議，找來一位老資格的師傅。

　　當時我們剛好準備出國，心想交給老師傅處理應該沒問題吧？但心中仍稍稍不放心，出國前有去看一下進度，那時看到師傅處理天花板的方式，竟然想以切平的方式，也就是為了處理上梁有礙視覺觀感的問題，竟決定把天花板做到和所有上梁切齊，被我們阻止才變更計畫改為局部處理，否則到時候天花板會變很低。

　　之後我們出國，老實說，內心還是有點擔憂。果然，一回來看到師傅已經裝修的成果，我們整個人都愣在那裡。老師傅畢竟跟我們年輕一輩有不同的審美觀，他竟把整個屋子弄成深色系，但我們明明出國前有特別交代，並提供照片當參考，我們要的是符合現代流行的輕色系。然而師傅只是聳聳肩，不以為意的說，「他覺得」這樣比較好看。

　　從本案例也可以看出，裝潢還是要找到可以信任的團隊。這位老師傅一方面是長輩介紹的，我們也不好和對方鬧不愉快，二方面做都已經做了，如果要打掉重來，對方還要再收一次費用。

　　最後我們只好自認倒楣，就以這種深色系物件對外招租。所

幸租客在意的主要是價格，有地方住就好，出租上並沒有造成太大困難。大約兩年後，我們決定要對外銷售時，才又採用我們想要的方式再裝修了一遍。

還好當時市場價格還不錯，加上已收了兩年房租，所以投報率也還不錯。

投報分析

本案例的投報率分成房屋買賣價差以及承租兩部分說明。

以裝修成本來看，本案例雖然經過兩次流程，但加起來的總成本還好，第一次請老師傅時，本來就是低價委託（也難怪怎樣的價格就做出怎樣的品質），只花 26 萬元，其中師傅這邊主力是木作，包含天花板、地板及一個櫃子，另外廚房和浴室都另外承包。第二回則又花了 15 萬元，包含宅裝，兩次裝修費用一共是 41 萬元。

	房屋買價	維修成本	宅裝成本	其他	TOTAL
購屋成本	310 萬	41 萬			351 萬
		第一次 26 萬 第二次 15 萬		房貸及利息另計	

	自備款	維修成本	宅裝成本	其他	TOTAL
實際購屋成本	62 萬	41 萬			103 萬
	八成貸款	第一次 26 萬 第二次 15 萬		房貸及利息另計	

交易利潤	房屋賣價	減	購屋成本	TOTAL
	440 萬		351 萬	89 萬

投報分析	交易利潤	除以	實際購屋成本	TOTAL
	89 萬		103 萬	86%

» 租金部分

(1) 本案例是位在學區內的電梯華廈，如同我們所預估的，出租很迅速。順利的以每月 15,000 元出租。

(2) 但出租兩年期間，我們仍需負擔房貸成本。這部分由於我們設定前兩年只繳息，因此金額並不高，加上管理及雜支，例如維修燈泡、水龍頭等等，為了方便說明，這裡就簡單的列出金額是每月 4,000 元。

(3) 每月租金扣掉利息及雜支，實收 11,000 元

    這部分的報酬就是 11,000X24 ＝ 264,000

    ●若把租金併入，再來計算投報率，那麼本案投報：

投報分析	交易利潤	除以	實際購屋成本	TOTAL
	銷售 89 萬 ＋ 租金 26.4 萬		103 萬	112%

投報率再次超越 100%。

🔍 重點解析

本案重點分享：

» 關於工班

以本案例來說，當初一方面心想長輩介紹的應該沒問題，另一方面也貪圖成本較低，卻忘了長輩雖然經驗豐富，但現在問題不在技術精良與否，而在於「美感」的不同。再者，我們雖然是付費方，但對資深的師傅來說，我們就是他眼中的「小朋友」，在老一輩的倫理觀中，讓我們在討論施工需求時也變得相對吃虧。就算最終是對方的錯，老師傅也不會認錯，若想變更施工就要加錢。

這種情形不是特例，這不只是代溝問題，就算不以年齡世代考量，如果發包時採用「統包」模式，雖然價格可能會比較低，但缺點就是容易造成像本案例的問題。統包收費較便宜，至少他們不收設計費，也不收監工費，就收一個設定的價格。

然而所謂設計費加監工費有多少呢？以本案例來說，當初若找專案設計團隊，就算再額外支付設計費及監工費，這兩筆費用加總也才大約 3 萬多元。與其當初省下這 3 萬元，還不如一開始就找專業團隊，結果就會是我們比較滿意的裝潢樣子。

裝潢達人這樣說

怎樣找到好工班？

　　想要打造「麻雀變鳳凰」的效果，前提自然是這隻麻雀有變成鳳凰的資質，再者，變裝的費用必須在預算之內，否則就不能達到預期的投資獲利效果。

　　資質自然沒問題，如果讀者依照前四章所做的提醒，確實可以找到一個理想的物件，接下來的問題就是變裝要花多少錢。

　　所謂「資訊的落差就是財富的落差」，這裡指的不只是投資理財可以賺多賺少，也包括若什麼都不懂，就很容易被懂的人敲竹槓。若原本預估房屋裝潢可以增值 50 萬元，但結果裝潢本身就花了 50 萬元，這門生意自然是不賺反賠了。

　　如何做好房屋變裝呢？讓我們將實戰經驗一步一步分享。

◆ 要找統包還是自己來？

房屋的裝修當然需要專業，不僅需要專業，並且不只是單一項專業。嚴格區分，從設計、木工、泥作、水電到個別的衛浴、地板、家具安裝等，都有不同領域的專業。

以上一般又可大略分成設計、施工二大區塊。

當從零開始時，有以下四種基本作法：

» 由自己總責，分別針對各領域尋找合作對象

木作師傅自己找，泥作工匠也自己找，甚至設計圖也是自己去找樣書來學。會採用此法者，除非本身就是建築專業出身或職業是室內設計師，否則一般會這樣做的人，著眼點只在於省錢。

表面上，肥水不落外人田，什麼設計費、統包費都省了，由自己來控管成本，實務上，任何一個環節疏漏，好比說弄錯木作與泥作順序，會協調不同工匠的時間喬不攏，最終搞得一蹋糊塗，耗時費日甚至弄錯重作，如此一來成本反倒更高，並且可能因為過程的種種問題帶來後遺症。

» 委由工程社統包

這是最常見的作法，也是本書建議的做法。當然，重點還是要找到可以信任的統包。前提是自己要具備一定程度的知識，否則別人說什麼、追加什麼、報什麼價，我們都照單全收，最後往往成了冤大頭。

但只要我們找到專業的統包師傅，事情只要交給他，我們只需做好一般的監工及付款動作就好。

至於房子設計的部分，基本上要找有設計概念的統包，我們只要和他溝通一下我們想要的感覺就好，或者也可以找裝潢書來參考討論。由於我們只是簡單的宅裝，並非豪宅或餐廳等特殊空間，並不需要再花鉅資請專業大師設計，當然，若本身有設計方面的朋友，也歡迎他們以朋友立場在施工過程提意見。

» 找設計師統包

這也是另一種形式的統包工作，設計師本身因為有這方面的專業，過往也已經有許多作品，透過設計師，交由他過往長期合作的團隊來施作，也會有不錯的成果。

通常委請設計師會額外多一筆設計費，而且一般設計師都會有自己的風格，當我們找到某個設計師，可能就代表我們認同他的風格。身為業主，我們當然可以提意見，但要不違反設計師本

身理念，又要做到我們想要的境界，仍需要雙方多多溝通。

» 設計與工程分開

　　也會有這種情況，專案請設計師做規劃，另外支付設計費，但施工我們找另一個統包師傅來執行。這種情況常見於資深的投資客，本身已有常態合作的工班，習慣性的還是跟老班底合作較好。或者也有整個統包，但其中某個部分另外找合作對象，例如油漆工人自己找等等，這部分只要和統包師傅溝通，對方應該也可以諒解。會有這種情形，通常就是因為我們本身有熟識的油漆工，好比我的老同學本身開油漆行等等，這基本上是特例。

　　對讀者來說也可能會這麼想，反正到時候房子買了，我們全都委託給承包商就好，我們本身不需要懂裝潢吧！但這裡要和讀者分享兩個重點：

» 夠專業才不會被敲竹槓

　　裝潢不是小事，整體包含大大小小諸多環節，試想若這也不懂那也不懂，這邊可能被遊說加一點錢，那邊可能被報價揩油一筆錢，東加加西加加，最終預算肯定大超支。更何況身為監工的業主，若我們什麼都不懂，所謂監工就會失去意義，變成人家做

什麼你就承受什麼，沒有什麼回應的權利了。

» 築夢這樣才有意思

當初買屋的目的，除了要投資致富外，另一個目的不正是要築夢嗎？當我們擁有自己的房子，可以依照自己的方式設計，正是買屋的一種「權利」與「樂趣」。由自己來規劃想要北歐風或工業風，決定房屋要什麼色系等等，這樣都可以讓買屋這件事變得更有趣。

如果房地產投資是我們認為長期可以投入的理財工具，那麼我們更該把這項學問作為投資人的基本功，一邊多方閱讀學習，一邊透過實務經驗累積自己想要的風格看法。

如此，你不僅僅財富增長，智慧也會一起增長。

◆ 找到理想的工班

對於長期投資房地產的人，好比說筆者的團隊，自然有長期可以信任的工班及設計師。但對一般讀者來說，可能一切真的是從零開始，那麼整體步驟該如何呢？

» 尋找專業人員

最常見的方式就是透過親友介紹。通常家族中難免有人家中曾經裝潢過，或過往買過房子，有這方面的經驗，總之，多半都可以介紹這方面的熟人。如果真的沒有，也可以上網搜尋合適的工程行，再去電詢問。

當然，你也可以透過本書作者小傅老師諮詢，小傅老師會依照不同地區提供在地的專業團隊建議。

» 勘查及初估報價

當找到預期合作的對象後，接著對方會派人來勘查，一邊了解屋況，也一邊和業主聊聊你的想法。

在這個階段，我們可以看到承辦人員是否專業或敬業，如果他來的時候似乎喝過酒，大老遠就可以聞到滿身酒氣，或者到處看看胡亂就跟你說這邊很麻煩、那邊可能問題很大等等，這樣的

人可能就不能信任。

　　基本上，兩人互動時也要看感覺，如果第一印象不佳，可能就不是理想的合作對象。以裝潢業來說，只是勘查及簡單報價是不需要付費的，若覺得不好意思，可以給對方一點點車馬費。

» 正式報價

　　一般來說，師傅在現場勘查後，只能大致列出一些問題，粗估可能會花多少錢，但正式報價要等師傅回公司後，接著以簽名方式出報價單。

　　通常工程施作若有問題，往往禍源在一開始就種下了，所以報價是很重要的階段，常見的糾紛有：

(1) 任意追加預算

　　有的統包商為了取得你的案子，初始刻意報價報比較低。當你心想不錯，竟然比原本的預算便宜時，卻沒料到麻煩之後陸續發生。

　　這些廠商往往在正式施工後忽然跟你說：「這個部分當初我報的只是基本材質，但我看你這牆壁問題這麼嚴重，如果你還是要用原來的材質，我也可以照做，但後果我不敢保證。」聽他這麼說，你也只好任由對方加價。在後續的每個環節，對方都會找

類似的理由要你額外負擔費用，如果你問他當初為何沒說，對方就會回你，當初只是初步估價，現在是正式施作。

結果原本以為撿到便宜，最後卻反倒超出預算一大筆。通常當對方開始施工，我們後悔也來不及了，畢竟洗頭已經洗到一半，也只能認由對方予取予求了。

(2) 付款比例不對

正常的做法應該是每到一定的進度，就支付一定的款項。雖然每個專案工程內容不同，但基本付款大約有五個步驟：

a. 簽約付 15％

b. 進場及拆除 25％

c. 木工完成 25％

d. 泥做完成 25％

e. 最後驗收 10％

（若有預算追加也是這時候支付）

但糾紛的發生往往是一開頭，可能剛簽約就支付了大部分的款項，就經常發生大部分的錢都付了，師傅好像也都已經進場了，一些工具散落一地，可是再過一段時日去看，怎麼還是沒動靜？打電話是空號找不到人，再仔細追查，才發現原來對方捲款

潛逃了。這是現實生活中經常上演的劇情。那些師傅反正沒有正式的公司行號，房子也可能只是臨時租的，換個地點重操舊業，消費者也追不到人。

　　為了避免糾紛，付款要依照一定的時程，這樣不但保護自己，另一方面，工程團隊為了早點拿到款項，也會好好趕進度。

STORY 10

套房變二房，價值再進階──遠百大套房

物件型式：套房

格　　局：2 房 1 廳

坪　　數：22.11 坪

買　　價：245 萬

賣　　價：420 萬

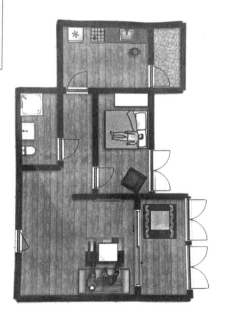

💬 故事背景

有時候，改變一個空間的用途，就能大幅提升一個物件的價值，例如前面案例有提過商辦改為住家，或者在某些城市（例如臺北市）將住家改成商辦等等。當然，這類物件也是可遇而不可求。

以本案來說，當初一看到網路資料也覺得很驚訝。22.11 坪的空間，竟然只是一間「大套房」，當下點燃我們內心的生意魂。這不正就是許多投資人夢寐以求可藉由「麻雀變鳳凰」大幅提升價值的物件嗎？

這物件是我們自己找到的，而非透過仲介。實際去看屋時，發現這個空間如果要改變，相當具有挑戰性，畢竟本來都是以一房來規劃，包括浴室、廚房、廁所如何重新設計，另外這屋子的採光也是個問題。但整體來說，雖然會花費不少改裝成本，但評估之後的賣價，分析起來還是很值得投資的。

畢竟原本是套房，現在卻變成兩房一廳。

最終，本案件也得到不錯的獲利。

🏠 麻雀變鳳凰

本案要變身，的確需要相當的工程：

» 採光問題

原本的格局光源只有一面，當定位為套房時，是一間有採光的大房間，可是如果要隔間，就必須有所取捨，是要讓房間有光，還是讓客廳有光？

最終我們決定讓房間有光。因為將心比心，如果是我自己住，我也會希望房間有窗戶，可以通風。

» 客廳及廚廁

如圖所示，靠光源的一面被隔成兩個房間，空間裡面離光源遠的部分是客廳。但客廳也不是完全黑暗，藉由隱形牆加電視的設計，可以吃到一些採光。

其他包含廚房及廁所，都必須因應新的格局打掉重做。

此外，天花板上原本有一根根的消防灑水頭，這是消防的設計，當然不能拿掉，但卻可以在不影響功能的前提下，把原本過長的灑水頭改短。整體加起來，在我們持有過的物件中，本案的裝修費若以單位坪數來算，是相對較高的。

　　這也跟經驗值有關，本案算是較早期的投資物件，如果現在再碰到同類型的案子，我們比較有裝修經驗後，可能成本就不需要那麼高了。

投報分析

　　重新定位，讓本物件成為兩房物件後，不但賣價大幅提高，並且交易速度也加快，畢竟兩房比起套房來說更有市場。

	房屋買價	維修成本	宅裝成本	其他	TOTAL
購屋成本	245 萬	40 萬			285 萬

	自備款	維修成本	宅裝成本	其他	TOTAL
實際購屋成本	49 萬	40 萬			89 萬
	八成貸款				

	房屋賣價	減	購屋成本	TOTAL
交易利潤	420 萬		285 萬	135 萬

	交易利潤	除以	實際購屋成本	TOTAL
投報分析	135 萬		89 萬	151%

　　如果當初仍以套房模式來銷售，可能售價頂多只能 300 多萬元，而且看屋的客群也會非常有限。

🔍 重點解析

本案有幾個重點分享：

» 空間運用的智慧

裝潢雖是一種美感展現，沒有標準答案，可能甲跟乙對同一種設計的觀感完全不同。但在裝潢上，有些事依然是共通的，主要是針對「實用」的部分，好比說美不美觀的確見仁見智，但是否「有採光」、「動線方便」，則是實用性的考量。

本案例就是典型的改裝隔間，並且因為原本是一整個空間，所以更具有挑戰性。可以說，可能的隔間組合有千百種以上，畢竟一個大空間，你要切成五個空間甚至十個空間都可以。但終究住屋不是趣味遊戲，考量的是怎樣用一定的預算，創造最大的空間價值。

以本案例來說，一開始評估房間大小，就規劃只能多隔出兩房，接著就是考慮這兩個房間要怎麼「擺放」。假想手中有三塊積木，分別是一個大塊的積木（代表客廳）和兩個中型積木（代表房間），這三塊積木怎樣排列最好呢？關鍵的考量點便是「光線」。

最終的決定如同前文所說，透過牆面上放透明玻璃，讓光可

以透進來。而決定的依據就是評估「一般人」的內心想法，大部分人都喜歡自己的房間有光，所以決定讓房間靠近光源。

　　至於「引光」的方法也有不同方式，常用的就是挖洞，不過既然不可能在原本封閉的外牆上挖洞（除非該面牆原本就有窗，是前任屋主自己封起來），那麼取巧的方式就是把洞挖在門上，也就是本案例採用的方式。

STORY 11

包租公的投報率哲學──清大包租公

物件型式：電梯華廈

格　　局：7 套房

坪　　數：50 坪

買　　價：530 萬

賣　　價：1050 萬

💬 故事背景

　　談了幾個總價 500 萬元以內的案子，這裡我們要來談一個最後銷售總價破千萬的物件。這個物件也是典型的空間改裝套房的投資形式。

　　必須特別強調的是，本物件雖是隔間套房，卻很重視品質，絕非一般媒體攻擊的那類有安全疑慮的套房。事實上，本來依現有空間是可以隔到 9 房的，但我們以品質考量，只隔成 7 間，也都配合相關公共安全法規，具備合法安全性。

　　這個物件位在師大南分院附近，當時我們購買時學校尚未改制，可想而知，這裡近學區，也是我們決定規劃成套房的主因。

　　原本物件的功能是辦公室，那是將兩戶打通、權狀坪數達 81 坪的大空間，連門牌也有兩個，這裡原本是該大樓所屬建商的管理辦公室。由於這些特殊的背景，當我們買這物件時不含車位，因為該二戶原屬的停車位已經另外賣掉了。

　　總之，我們當初看中這裡，就是覺得可以將室內約 50 坪的空間，規劃為以學生為主力客群的收租套房。我們僅隔成 7 間，因此以每間 7 到 8 坪的空間來看，對學生來說是優質的選擇。套房的租金不到 1 萬元，也是學生負擔得來的，我們在裝潢後不到兩週，就七個房間滿租。

麻雀變鳳凰

一方面坪數大，二方面要隔間，因此本物件是本書所介紹的案件中整修成本最高者。

這的確是大工程，由於要改成套房，除了隔間，並且每間都要有獨立衛浴外，我們還必須讓靠外的三間套房有自己的陽臺，整個工程耗費了四個月。

投報分析

　　既然是隔間成套房，投資報酬的計算主要就是收取租金，但最終等市場行情更好時也是可以出售，並且在出售這個部分，是連同租屋合約一起轉移的，關於這部分，我們也替買方評估了投報率，後來買方也因計算了投報率後，願意以 1050 萬元的價格承接。

　　關於整體收租的投報分析，我們後面再來說明，這裡僅就房屋出售後的價差來計算投報率。

　　此物件我們隔成七個獨立套房，每間的成本是 30 萬元，再加上房子的整體修繕整理，全部的成本大約是 220 萬元。

	房屋買價	維修成本	宅裝成本	其他	TOTAL
購屋成本	530 萬	220 萬			750 萬
		七個隔間以及七間套房各自的宅裝			

實際購屋成本	自備款	維修成本	宅裝成本	其他	TOTAL
	80 萬	220 萬			300 萬
		七個隔間以及七間套房各自的宅裝			

交易利潤	房屋賣價	減	購屋成本	TOTAL
	1050 萬		750 萬	300 萬

投報分析	交易利潤	除以	實際購屋成本	TOTAL
	300 萬		300 萬	100%

　　本物件投報酬率高達 100％，主因在於售價提高。為何買方願意以 1050 萬元的價格來取得這物件呢？我們接著就來說明。

🔍 重點解析

本案重點分享：

» 如何計算包租投報率

- 這裡我們先來分析每個月的租金報酬，我們是以每間 9,000 元對外出租。

  9,000X7 ＝ 63,000（每月租金收入）

- 在房屋擁有期間，我們每月要繳納貸款本息＝ 25,000

- 所以若七間套房出租，每月的淨利潤是：

  63,000－25,000 ＝ 38,000

也就是說，如果當包租公，這個物件每月貢獻給屋主高達 38,000 元的被動收入。

可以計算租金投報率：

總價投報率＝年租金／總成本

（63,000X12）／（530 萬＋ 220 萬）＝

（756,000）／ 750 萬 ＝ 10.08％

» 推估承接方的投報率分析

本物件既然是隔間套房,那麼未來的承接人,也絕對是在計算報酬率後才願意承接。

這裡我們就反推,如果未來買方想要承接,他們心目中的投報率是多少?基本上,如果可接受的投報率越低,就可以用越高的買價來取得物件。

計算如下:

可接受投報率	價格計算
6%	75.6 / 0.06 = 1,250 萬
6.5%	75.6 / 0.065 = 1,163 萬
7%	75.6 / 0.07 = 1,080 萬
7.5%	75.6 / 0.075 = 1,008 萬
8%	75.6 / 0.08 = 945 萬

我們初始預估,買方願意以投報率 6%(也就是每年租金收入占房屋投資價格的 6%),買方會願意以 1,260 萬元來承接。

實際交易是以 1,050 萬元成交,也就是買方期待的投報率大約是 7%。

STORY 12
投資獲利金店面——小學金店面

物件型式：電梯華廈

格　　局：挑高店面

坪　　數：41.8 坪

買　　價：700 萬

賣　　價：1040-1200 萬

💬 故事背景

以物件本身可帶來「被動收入」的角度來看，除了出租給學生或一般住家外，另外也可以出租給商家。在本案例中，我們買的物件就是店面。

這個物件位在新竹舊社國小附近，雖然不在大馬路上，但巷寬八米，交通便利，門前可以停車，可以說等於附贈停車位。而店面本身面寬八米，內裡則挑高六米，以這樣的面寬格局，其實可以做成雙店面，很有投資價值。

這個店面的一大特色就是還有一個夾層，一樓面積大約 30 坪，二樓面積大約是一樓的三分之一，權狀裡登記的 41.8 坪，就是一樓地坪加上夾層地板面積加總的坪數。

如何讓這樣的坪數產生更大空間效益呢？這也是我們投資本標的物的重點，這攸關著將來的賣價，也攸關未來對外招租時的租金。

我們的做法是把內裡的夾層拓展，讓本來的 1 ＋ 1 ／ 3 變成兩層樓的概念，當然這兩層樓都同在一樓的空間裡，內部有相連的樓梯。

本案件目前是租給商家當做店面用途，尚未出售，但未來出售時的投報分析，我們也會幫將來的承接人計算。

🏠 麻雀變鳳凰

　　本物件最大的工程，自然在於如何讓夾層拓展成一個樓面？基本作法有兩種，一種是水泥灌漿式，那就必須有四根梁柱，如此既妨礙空間應用，也有礙觀瞻。另一種方式是打鋼筋，這也是我們採取的作法。實際上，這也是許多店面採用的空間管理方式，可以有更多的實際坪效，通常二樓可以做為商品儲藏室。

　　以本案例來說，這樣的工程連同店面裝潢成本大約 100 萬元。未來預估的銷售行情，則大約落在 891 萬至 1,560 萬元之間，為何差距那麼大？那是因為牽涉到未來承接者的投報分析，這在後面會說明。

　　至於本物件實際的承租價，則是每月 26,000 元。

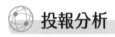 投報分析

　　本案件目前為自己持有，我們擔任包租公的形式。關於收租的投報率，後面再來介紹。這裡暫時假定本物件若以 1000 萬元售出，其投報率：

購屋成本	房屋買價	維修成本	宅裝成本	其他	TOTAL
	700 萬	100 萬			800 萬

實際購屋成本	自備款	維修成本	宅裝成本	其他	TOTAL
	260 萬	100 萬			360 萬
	八成貸款				

交易利潤	房屋賣價	減	購屋成本	TOTAL
	1000 萬		800 萬	200 萬

投報分析	交易利潤	除以	實際購屋成本	TOTAL
	200 萬		360 萬	55%

🔍 重點解析

本案重點分享：

» 計算金店面投報率

總價投報率＝年租金／總成本

（26,000X12）／（700 萬＋ 100 萬）＝

（312,000）／ 800 萬＝ 3.9%（將近 4%）

» 推估承接方的金店面投報率分析

如果未來買方可接受的投報率越低，就可以用越高的買價來取得物件。我們以目前現有的投報率來反推，計算如下：

可接受投報率	價格計算
2%	31.2 ／ 0.02 ＝ 1,560 萬
2.5%	31.2 ／ 0.025 ＝ 1,248 萬
3%	31.2 ／ 0.03 ＝ 1,040 萬
3.5%	31.2 ／ 0.035 ＝ 891 萬

　　前述所說，未來預估的銷售行情則大約在 891 萬至 1,560 萬元間，就是這樣計算而來。

結語
你不需要很有錢才能夠投資，
買屋裝潢現在就可以開始

　　在本書我們分享了幾個實務案例，這些年來包括我們自己本身、我們的團隊及參與我們學習課程的學員們，透過設立目標找到物件，然後再配合精打細算的「麻雀變鳳凰」變身術，已經成功交易並提升了不下百間的物件，也確確實實為許多本來不敢打造「幸福城堡夢」的朋友，讓他們擁有屬於自己的不動產。並且還可以擁有不只一戶，只要持續正確的房屋投資流程，相信他們這一生還會築造更多的幸福家居，為自己也為更多人圓夢。

　　當然，每個人買房子的目的不同，有的人就是要做為自住，有的人是要為家人置產，此外，有很多朋友則是將房地產視為最佳的理財工具。事實證明，房地產的確是非常理想的、進可攻退可守的高投報率投資標的。不論是自住或投資，本書所介紹的「麻雀變鳳凰」術，都可以做為提升居住品質以及房地產價值的應用。

　　如同書中介紹的，投資的模式可以有很多種，物件也有不同選擇。包含常見的三房兩廳或兩房兩廳物件，也包含套房、透天厝或者店面，可以是整層的妝點，也可以是隔套收租的形式。

　　有關各種裝潢整修的細節，所謂「家家有本難念的經」，但只要是用心對待這個家，我們相信每戶碰到的難題都可以找到好的解決方案。包括常見的漏水、壁癌或者灰暗老舊，掌握住正確技巧，都可以用少少的錢，打造大大的滿意，讓原本較不起眼的物件，整個煥然一新，價值立刻大幅提升。至於裝潢的規劃更是選擇多樣，無論是北歐風、工業風、無印風都可以嘗試，只要結合專業，怎樣的設計都可以找到好的買家。甚至當我們投資的物件夠多，還可以試著幫自己旗下的不同住居，每間規劃不同的風格，並且每間都可以為你打造高投報率。這樣的體驗，既能獲利又充滿樂趣。

　　關於如何買屋投資，如何讓舊屋新妝「麻雀變鳳凰」，相關的議題也都歡迎有興趣的讀者朋友們進一步和我們保持聯繫。

我們的臉書粉絲專頁

https://www.facebook.com/simon591

22K 輕鬆買房致富實戰寶典

從選對物件到裝潢實務，12 個房屋成功案例，
只要掌握裝潢技巧，上班族也能輕鬆致富
你不用很有錢才投資，你要先投資才會很有錢！

作　　　者／Simon‧傅曉霖
美 術 編 輯／孤獨船長工作室
責 任 編 輯／許典春
企畫選書人／賈俊國

總　編　輯／賈俊國
副 總 編 輯／蘇士尹
編　　　輯／高懿萩
行 銷 企 畫／張莉滎‧蕭羽猜‧黃欣

發　行　人／何飛鵬
法 律 顧 問／元禾法律事務所王子文律師
出　　　版／布克文化出版事業部
　　　　　　臺北市中山區民生東路二段 141 號 8 樓
　　　　　　電話：(02)2500-7008 傳真：(02)2502-7676
　　　　　　Email：sbooker.service@cite.com.tw
發　　　行／英屬蓋曼群島商家庭傳媒股份有限公司城邦分公司
　　　　　　臺北市中山區民生東路二段 141 號 2 樓
　　　　　　書虫客服服務專線：(02)2500-7718；2500-7719
　　　　　　24 小時傳真專線：(02)2500-1990；2500-1991
　　　　　　劃撥帳號：19863813；戶名：書虫股份有限公司
　　　　　　讀者服務信箱：service@readingclub.com.tw
香港發行所／城邦（香港）出版集團有限公司
　　　　　　香港灣仔駱克道 193 號東超商業中心 1 樓
　　　　　　電話：+852-2508-6231 傳真：+852-2578-9337
　　　　　　Email：hkcite@biznetvigator.com
馬新發行所／城邦（馬新）出版集團 Cité (M) Sdn. Bhd.
　　　　　　41, Jalan Radin Anum, Bandar Baru Sri Petaling,
　　　　　　57000 Kuala Lumpur, Malaysia
　　　　　　電話：+603-9057-8822 傳真：+603-9057-6622
　　　　　　Email：cite@cite.com.my

印　　　刷／韋懋實業有限公司
初　　　版／2021 年 3 月
定　　　價／300 元
I S B N／978-986-5568-21-4

城邦讀書花園　布克文化
www.cite.com.tw　www.sbooker.com.tw